いろはうた

日本語史へのいざない

小松英雄

講談社学術文庫

目次

いろはうた

日本語史へのいざない

洸と玲とに　おくる

はじめに

もはや半分かびの生えかかってきたような、「いろはうた」をここに引きずり出して、ほこりをはらってみることにした。

ひと昔まえまでは、日常生活の中に滲透して、不可欠な存在であったのに、いまではもう、だれもかえりみなくなってしまったという意味で、この「いろはうた」は、物置きのすみにしまいこまれた火鉢とか蚊帳《かや》にでもたとえるべきものになってしまっている。ただし、ほこりをはらってみるといっても、もう一度それを使ってみたいというつもりがあってのことではない。

蚊帳や火鉢の生活を体験したことのない人たちには、たとえばつぎのような俳句や俗謡のほんとうに意味するところが、実感としてとらえにくいであろう。

起きて見つ寝て見つ蚊帳の広さかな　千代女

かわいがられて撫でさすられて　見捨てられたよ夏火鉢

ちょうどそれと同じように、日本の言語文化史の、その中核としての位置を占めつづけてきた「いろはうた」について、基礎的な知識を持たないと、日本語の歴史はもとより、現代日本語のある重要な側面にも、十分な理解が及びにくいのではないかというのが、その見なおしの理由なのである。

『いろはうた』と名づけてみても、この主題によって覆われるすべての事柄を網羅的に取り上げようというわけではない。それだけ広範な知識を持ち合わせてもいない。ただ「いろはうた」の起源に関することなら、これまでに少しは考えてきたし、また、その結果を書いてもきた。伝統的な理解とまるで違った線を打ち出したものなので、はたして、どこまでその意図を理解してもらえるか心もとなかったが、このごろでは、専門的な辞書の中にも、一つの解釈として言及されるようになってきている。また、「いろはうた」によって投げかけられた、用字の軌範にかかわる諸問題にも関心をいだき、発表した考えもある。しかし、本書においては、これまでに筆者が学界でどのような発言をしてきたかにとらわれず、出発点にもどって、もう一度、最初から考えなおしてみることにしたい。それは、つぎのような諸問題についてである。

a　「いろはうた」は、いつ（ごろ）、どういう人（たち）によって、どういう目的のために作られたのであろうか。
b　「いろはうた」の源流をたどると、どういうところに行き着くのであろうか。
c　「いろはうた」は、どのような層の人たちの間に伝承され、どのように利用されてきたのであろうか。
d　「いろはうた」は、日本語の音韻史と、どのようにかかわっているのであろうか。
e　「いろはうた」は、日本語の表記史のうえで、どのような位置を占めてきたのであろうか。
f　仮名づかいとは、本来、どういう意義を持つものであり、また、どのようにあるべきものであろうか。

これだけで、すでにだいぶ固苦しい感じになってしまったが、そのうえに、もう一つ追い討ちをかけるようなことを、ここに言い添えておかなければならない。それは、右に「諸問題」という表現をしたことに関してである。

「いろはうた」に関するこれまでの研究成果を整理要約し、それに筆者自身の到達した新しい見解を加えて、手ぎわよくここに提示できるなら、それがもっとも望ましいに相違ないが、つぎにあげる理由から、そういう形によって執筆することは断念せざるをえない。

過去に用いられた日本語を研究対象とする領域は、国語史研究と呼ばれ、すでにそれ自身の歴史と、成果の蓄積とを持っている。しかし、これまでの研究成果の内容を具体的に検討してみると、その精力の大部分は、もっぱら、文献資料のうえに認められる言語的な諸事実を蒐集《しゅうしゅう》整理することに注がれてきており、それらの諸事実を歴史の流れの中に位置づけてとらえなおし、また、それらをもって歴史の流れを構成してみようという方向の努力は、まだあまり払われていないように見える。

考えるための材料もなしに、いたずらに空論を展開してみたところで、実りのあろうはずもないから、そのための資料をひたすら蒐集し、そして整理するという段階が、研究の進展のために不可欠であったことは否定できない。しかし、そういう姿勢がいつのまにか惰性的に定着してしまい、調べるだけで考えようとしないことが、この領域の体質になってしまっているようにさえ見えないではない。

そういう点についての反省はさておき、ともかく、まだ、全体としては言語史研究といえる水準にまで成長しておらず、したがって、言語史的解釈の方法も確立されていないのである。

このような現状においては、右に列挙したようなさまざまな疑問について、より確実なことを知ろうとするならば、われわれ自身が、それらをみずからの問題として設定し、われわれに納得のゆく筋道を立てて解決してみるほかに方法はない。

そういうめんどうなことは、専門家の仕事であるから、ここには、研究によって得られた確実な結果だけを、まとまった知識として提示してほしいということなら、それも一理ある意見として認めざるをえない。しかし、あとになって眉つばの体験談などを聞かされるより、この際、いっしょにその山に登ってみようというのはどうであろうか。その経験は、山というものの魅力や恐しさを理解し、また、山の登りかたを知るうえで、人いに役立つはずである。いうまでもなく、ここにいう山とは日本語の歴史であり、山登りとは、日本語の歴史的研究を意味している。

たしかに、研究というのは専門家の役割かもしれない。しかし、母語である日本語に関しては、そのように構えてばかりもいられない面がある。日本語の特徴はこういうところにあるとか、こういうところが日本語の欠陥であるとか、専門家や専門家らしき人たちの意見がひしめいている中にあって、われわれは、独自の判断をつねに迫られているからである。自分で考えてみたことがないと、もっともな意見と、もっともらしい意見との判別を付けるのが難しい。
「いろはうた」の担ってきた一つの重要な機能に即していうならば、日本語の表記は、国語審議会（二〇〇一年から文化審議会国語分科会）によって完全に掌握され、また支配されている。国語審議会といっても、その実態は国語表記審議会であるから、それが公的機関として活動しつづけるかぎり、今後とも、日本語の表記いじりがつぎつぎと行なわれるであろう。もちろんその構成員の中には、高い識見の持主も少なくないはずであるが、機関としてこれまでにしてきたことには、不見識としかいえない事柄が多すぎる。本書では、現代語の表記の問題を直接に取り扱うわけではないし、その点に関しては、読者の見解もそれぞれに違っているであろうが、「いろはうた」をめぐる諸問題について、ここでいっしょに考えてみることは、日本語表記のありかたについての理解を深めるうえで、きっと役立つはずである。

　国語政策の質を高めるには、それを受け入れるがわの意識を高めなければならない。おかみから与えられたものを消化しようと、ただ懸命に努力したり、その与えられたものを与えるために、おかみにいっそう詳しい指示を要求したりという姿勢を改めて、それがどうあるべきかについての意見を、ひとりひとりが持つように心がけたいものである。国語政策においても、衆愚政治は拒否されなければならない。

それがどうあるべきかを、正しい方向づけで考えることができるようになるためには、まず、それがどうあったかという、歴史的な経緯を振り返ってみる必要がある。そして、それはそのまま、なぜこうあるのかということへの認識にも直結している。その歴史の中に、われわれは「いろはうた」というものの果たしてきた大きな役割と、いまに残るその影響力とを見るであろう。

いうまでもなく、「いろはうた」は、自然発生的にあらわれたわけではないし、ひとり歩きを続けてきたわけでもない。その起源において、異質の文化との接触と、それを同化しようとする努力とがあり、また、これが素朴な誦文からこのように洗練された形にまで発達し、そして運用される過程において、多くの個性的な人物の参与がある。われわれは、この「いろはうた」の歴史をとおして、人間の知的な営為の、そのさまざまなありかたを見ることになるであろう。

表題は『いろはうた』としたが、この「いろはうた」ということばを文中で仮名がきにすると、括弧が必要になるので、文脈のうえで支障のないかぎり、以下には「以呂波」と表記する。「伊呂波」「伊路波」「色葉」など、ほかにも伝統的な書き方があるが、同じことならというわけで、文献にあらわれる最古の形を採用する。

第一章　以呂波の輪郭

五十音図と以呂波

英語のアルファベットに相当する日本語の字母表といえば、五十音図をあげるのが現今の常識である。この音図が成立した時期を確実に推定することは、文献資料の不足から困難であるが、おおまかに言えば平安時代中期、十世紀というところであろう。ただし、それは、五十音図が、はじめから仮名の字母表として作られ、そのように使われてきたということではない。現在のように五十音図が支配的地位を占めるようになったのは、明治時代の公的教育において行なわれた改革の結果であって、仮名の字母表としての役割は、伝統的に、以呂波が担いつづけてきたのである。

明治になって、新しく国語教科書がつぎつぎと編纂されるようになってからも、『絵入智慧の環詞の巻』（古川正雄・明治三年）、『語学教授本・うひまなび』（柳川春蔭・刊年未詳）、『単語篇』（文部省・明治五年）、『小学綴字書』（文部省・榊原芳野編・明治七年）などをはじめとして、明治十九年（一八八六）までのものは、形式上の細かい違いはあっても、すべて以呂波を最初に置き、そのあとに五十音図をかかげている。『読方入門』（文部省・明治十七年）の冒頭に「教師須知六則」という条項があり、その中に、つぎのように記されていることが注意をひく。

一、平仮名。片仮名ヲ授クルハ。何レヲ先ニスルモ妨ゲナシト雖モ。大抵一日平均四字ヲ以テ限度トシ。……

一、五十音ハ。専ラ発音ヲ正スヲ旨トシ。且前ニ授ケタル所ノ片仮名ヲ練習センガ為メニ。之ヲ授クルモノトス。

本文では、まず「平仮名」として、変体仮名を添えた平仮名の以呂波を、そして、「片仮名」として片仮名の以呂波をあげ、そのあとにさらに片仮名の「五十音」が示されている。それに先行する諸書でもやはり同じであるが、「五十音」には「濁音」「次清音（＝パ行）」が続いている。

これによれば「平仮名」「片仮名」というのは、いずれも以呂波のことであって、この段階において、五十音図は、まだ補助的なものとして位置づけられているにすぎない。たとえば、「緑」は、仮名で「みとり」と書き、その発音は「ミドリ」だという考え方である。

ところが、その二年後に当たる明治十九年に発行された、同じく文部省編の『読書《よみかき》入門』になると、様相は一変する。すなわち、それまでは、まず、仮名をおぼえさせることから始められていたのに対して、ここでは「ハト」「ハナ」「トリ」「キリ」「カンナ」というように、語の表記がまず先にあり、そのあとに「五十音図」「濁音図」「次清音図」があげられていて、以呂波は姿を消してしまっている。このように、公的教育の場において、仮名の字母表としての位置を五十音図に譲ったことは、以呂波にとって、その急激な退潮のはじまりであった。明治十九年は、以呂波にとっても、また五十音図にとっても、運命的な年だったのである。

歴史をふり返ると、真言宗系の学問では、以呂波と五十音図とが、ともに発音の軌範として、いわば、車の両輪のような関係にあり、また、一般社会では、事実上、以呂波しか用いられていない。両者の字母の種類が完全に一致していても、使われ方までが同じではないのである。

以呂波時代の終焉

問題の把握を容易にするために、いくらか遠まわりをしてきたが、このあたりで、本題の以呂波について考えてみることにしよう。

このごろでは、以呂波を最後まですらすら書ける人など、ほとんどいないようである。「いろはにほへと／ちりぬるを」という出だしの一節なら、小学生でも聞きかじりで知っているが、そのあとに一節を加えるごとに、脱落者が急激に増加する。いろはも知らないとは、かつて、極端な無知無学を象徴することばであったのに、いつのまにか、その表現が字義どおりには通用しない世の中になってしまっている。

いわゆる戦前派に属する世代の人たちの中には、このような現状をもって、伝統文化を軽視する新教育がもたらした、慨嘆すべき堕落の例にかぞえようとするむきがあるかもしれない。しかし、そのように断言するまえに、まず、紙と鉛筆とを用意して、自分自身の現在の状態を十分に確認しておいたほうが安全かもしれない。

若い世代の人たちが、なぜ以呂波を満足に知らないのか。それは、以呂波を習ったことがなく、また、実生活のうえでもそれを使った経験がないからである。子どものとき、正月に「いろはがるた」で遊んだことがあっても、仮名の順序は無関係だったであろう。では、年輩の人たちまでが、なぜあぶないのか。それは、長い間それを実用に供していないために、すっかりさび付いてしまったからである。要するに、以呂波は日常生活から遠ざかり、その実用価値をほとんど失ってしまっているために、それを知らなくとも、まったく不自由を感じないということなのである。仮名の字母表としての役割は、さきに述べたような経緯で、すでに五十音図によって完全に肩がわりされており、また「いの一番」のような成句も化石的に生き残っているが、その本来の意味は、説明されなければわからなくなってしまっている。

言語史と言語文化史との交渉

以呂波という誦文は、日本人の祖先が残した金字塔的文化遺産であるといってよいであろう。それが、いままさに息絶えなんとする状況にある。多少ともそれについて積極的な関心をよせてきた一人として、愛惜の情にも似たものを、ひそかにいだかないわけでもない。しかし、冒頭に述べたとおり、筆者は、このささやかな一書を、亡びゆくものへの挽歌や鎮魂歌として、ここに綴ろうとしているわけではないし、また、それがいかにすぐれたものであるかを示すことによって、以呂波の復権を主張しようなどと考えてもいない。以呂波の歴史とその本質とを、文献資料の解釈によって究明し、また、それと不可分にからみ合うところの個人の営為と、その背後にある日本語の歴史に関する諸問題について、ほのかな光を当ててみたいというのが、その真のねらいなのである。

日本語の歴史といっても、ここでは以呂波が中心であるから、もっぱら、音韻史の面に限局されざるをえない。しかし、その範囲で、文献資料に記載されたところをできるだけ綿密に分析し、その結果を総合することによって、過去の日本語にどこまで迫りうるか、その過程において、どのような解釈の分かれ道があるか、そして、そのうちのどれを選択するかによって、導かれた帰結にどれだけの開きを生じるかということを、具体的に提示して、文献資料を手がかりとする言語史研究のありかたについても、いろいろと考えてみたい。

言語史というのは、いかにも客観的ないし科学的なひびきをもったことばであるが、その反面、人間不在の研究領域であるかのような印象をもって受け取られやすい。しかし、それはまったくの誤解である。もとより、その志向が主観的であるとか非科学的であるとかいうことではないが、そもそも言語というものが人間の創造力の所産である以上、その歴史もまた、たゆみない創造の軌跡にほかならないし、一方、研究もまた創造的な活動の一つであるから、その具体的実践の中に、それぞれの研究者の個性が、すみずみまでにじみ出るのは当然だからである。まして、ここで取り扱おうとする主題は以呂波の歴史であり、言語文化史とのからみ合いで言語史が取り上げられることになるので、とうてい、人間を離れたものではありえない。もちろん、筆者としては、それなりに客観的な姿勢をつらぬきたいと考えているが、ここでは、客観性ということばの、その意味あいを、自然科学における場合とはいささか違ったものとして、柔軟な形で定義しておかなければならない。

以呂波の外形とその内容

考察にはいるまえに、以呂波の具体的な外形を確認しておこう。上段は、歌謡としての意味を考えずに、一つ一つの仮名を独立したものとして読む場合の形であり、下段は、歌謡としての読み方である。

いろはにほへと　　色は匂へど
ちりぬるを　　散りぬるを
わかよたれそ　　我が世誰ぞ
つねならむ　　常ならむ
うゐのおくやま　　有為の奥山
けふこえて　　今日越えて
あさきゆめみし　　浅き夢見じ

ゐひもせす　　　酔ひもせず

平安時代末期の真言宗の僧、覚鑁《かくばん》（一一四三年没）があらわした『密厳諸秘釈』第八に、「以呂波釈」と題する一節があり、そこにつぎのような説明がなされている。

色匂散トハ　諸行無常ナリ
我世誰ソ常ナラントハ　是生滅法四相遷変不住、自性名ク二之ヲ無常ト一
故ニ有為ノ奥山今日超トハ　生滅々已生滅者、有為之惣相故。
浅夢不酔トハ　寂滅為楽夢ト者、妄見也。理障也。酔ト者、癡暗也。智障也。

要するに、以呂波というのは「諸行無常、是生滅法、生滅々已、寂滅為楽」という『大般涅槃経《だいはつねはんぎょう》』の中にある偈《げ》の意味をとって、日本語でこのように表現したものだというのである。「偈」とは、サンスクリット語（梵語）の仏典の中にある韻文のことで、漢訳仏典でも韻文の形式で翻訳されているものをいう。右の説明はかなりこじつけがましいが、さりとて積極的にそれを否定するだけの根拠があるわけでもない。ただし、こういう結び付けを前提として、さらにその上に論を立てることは危険なの

で、ひかえておいた方がよい。

　そういう予見にとらわれずに、すなおに読んでみると、これはまた、わかるようなわからないような、曖昧模糊とした、ことばの連続になっている。

　ちょっと難しいのは、「うゐのおくやま」の「うゐ」である。これには「有為」以外に引き当てようがない。「有為」というのはサンスクリット語の翻訳で、さまざまな因縁によって生じた現象をさす。「有為転変は世のならい」という、その「有為」である。そういう名を持つ特定の山があるわけではなく、さまざまな因縁によって生じたこの世のきずなを断ち切るのが容易でないことをたとえて、「有為の奥山」と表現したものなのであろう。とするならば、この歌謡には、その基調として仏教思想があると考えなければならない。

「色は匂へど散りぬるを」というのが、もっとも普通の解釈であるが、そう読んだのでは、なにが散るのかよくわからない。「色」が散るでは、もってまわった説明をしなければならなくなる。紅葉という意味の「色葉」で考えれば、その点でつじつまが合わせやすいし、第六章で取り上げる『色葉字類抄』なども命名の裏にその解釈がありそうに見えるが、ほんとうにそれでよいかとなると、しりごみせざるをえない。

「浅き夢見じ」か「浅き夢見し」か、すなわち〈見まい〉なのか〈見たことよ〉なのか、というたぐいの議論をしてみても、哲学的論争になるだけで、客観的には結着がつけにくい。

この以呂波を絶対視する立場をとることになると、たとえわかりにくい部分があったとしても、それは誦文自体に内在する問題点ではなく、すべて解釈力の不足に起因すると考えることになる。「いろはにほへと」でも「あさきゆめみし」でも、どちらかの解釈にしばらないと気がすまない。したがって、「我が世誰ぞ」なども、これでよいのだと強引に説明しようとするが、自然な言い方なら「この世に誰か」とでもなるところであろう。それと合わせて考えれば、助詞「ぞ」の、このような使い方も普通でない。ことに江戸時代には、以呂波の解釈をめぐって、神がかりともいうべき議論が続出しているが、それというのも、この誦文の表現が、全体として簡潔明瞭を欠くところがあるためである。

以呂波は格調が高いと評価されてきたし、声に出して読んでみれば、なるほど神韻縹渺といったおもむきがある。しかし、一語一語を吟味してゆくと、結局はよくわからないところが残り、また、言いまわしの不自然さも気になってくる。それは、この誦文が、深遠な思想を表明しようということではなく、実用的目的に供することを一次的なねらいとして、大きな制約を課して作られたことによって生じたひずみなのである。

以呂波というのは、その外形だけが重要なのであって、外形は固定されていなければならないが、どういう解釈を当てはめようと、全体をなんらかのことばの続きとして暗誦できれば、それでよいといった性格のものなのである。

以呂波の歌体

平安時代末期に、後白河法皇によって編纂された『梁塵秘抄』には、以呂波と同じ、「今様歌《いまよう》」と呼ばれる形式の歌謡がたくさん収められている。たとえば、つぎの例などは、内容的にも、以呂波と一脈かようところがある。

ほとけはつねに　いませども　うつつならぬぞ　あはれなる
ひとのおとせぬ　あかつきに　ほのかにゆめに　みえたまふ

『平家物語』（巻一・妓王）には、白拍子の仏御前が、今様を歌って平清盛の寵愛を獲得したという一節があり、また、それによって見はなされた、以前からの愛妾の妓王が、仏御前のつれづれを慰めるために「今様ひとつ歌へかし」と清盛に命じられて、泣きながらそれを歌い、満座の人びとの涙をさそったと記されている。そこで歌った歌詞は、『梁塵秘抄』所載の法文歌の一つを、場面に合わせて言いかえたものであった。

「今様」というのは、もともと新形式という意味であって、七五の四句をひとまとまりとした形式の歌謡をさして使われている。平安時代末期がその全盛期であった。その事実は、以呂波の成立時期について考えるうえで、重要な意味を持っている。

「つねならむ」の示唆する諸問題

右には、以呂波の歌体が今様体に合致していると認定したが、実は、ここに一つ問題がある。今様体というのは七五の四句をもって構成される歌体であるにもかかわらず、「わかよたれそ／つねならむ」の部分が、六五という破格になっているからである。したがって、本来、四十八字のところに、仮名は四十七字しか使用されていないことになる。上代の素朴な段階を別として、和歌の定形が確立されて以後は、条件によって字余りが許容されても、字足らずというのは、まずないといってよい。そもそも「字足らず」などということばが存在するかどうかさえも疑問なのである。

以呂波がどういうものであるかについて、ひととおりの予備知識を持った読者なら、この字足らずの理由を、つぎのように簡単に説明できるであろう。

以呂波は、その成立当時に使用されていたすべての種類の仮名を、重複することなく網羅したものであって、仮名の総数が四十七であったから、この歌体に合わせる限り、どこかの部分に一字の不足を生じるのは当然である。

これは、現在における学界の通説にそった解釈であり、その限りにおいて無難と言えないこともない。しかし、右の説明の中には、いくつかの疑問点が含まれている。まず「その成立当時」が問題である。それについては第五章に詳しく取り扱うことにするが、ともかく、成立時期の推定はなかなか難しい。この場合、それを直接に明らかにする手段がないとしたら、次善の策として、つぎのような論法を導入することも考えられる。

たがいに区別をもって使用されていた仮名の種類が、以呂波を構成する四十七種に一致する時期が、すなわち、以呂波の成立時期である。

ある程度の幅としてしか設定できないにしても、これはこれで、一つの筋道のように見えなくもない。しかし、各時期における「たがいに区別をもって使用されていた仮名の種類」を帰納的に確認するための実際の手順は、頭の中で考えるよりもはるかに煩雑であるし、また、その点についてのいちおうの目安をつけてみても、第五章に触れるように、右にあげた形を、はたして以呂波の原形と認めてよいかどうか、疑わなければならない理由があるので、結局、最後のつめが難しいのである。

つぎに「すべての種類の仮名を、重複することなく網羅した」ということも、鵜呑みにはできない。これは、右に指摘した疑問点とも連動することになるが、この誦文の製作者による仮名の種類についての認定が、はたして、どこまで絶対的であるかの見きわめがつきにくい。たとえば、現代かなづかいでは、「ぢ」「づ」「を」などを使用することになっているが、その理由は、だれが考えてもそれらの仮名が不可欠だからということではなく、ある一つの判断によっているわけであって、これらの仮名の生殺与奪は、実のところ、国語政策の風向き次第なのである。以呂波がいつ成立したものであろうと、その成立した時期において、こういう問題がありえたことは、第五章に述べるように、十分に考えられるのである。もし、これと同じ時期に、別な人物によって同様の試みがなされたとしても、仮名の種類は、以呂波と同じ四十七種になったはずだとは、ただちに断言しにくいのである。

　字母の種類は、ここに示された四十七種だとしても、どうして、それらを重複することなく網羅した誦文を作らなければならなかったのであろうか。もし、絶対にではなく、なるべくというところで妥協できるものだったとしたら、字足らずの句に係助詞を挿入して、「わかよはたれそ」「わかよにたれそ」と簡単に調子を調えることができたわけであるし、また、製作者がその程度のことに思いつかなかったとも考えにくい。したがって、そういうことをあえてせずに、この句を破格のままに残したという事実は、やはり、一字たりとも重複させないという、動かしがたい制約がそこにあったものと考えざるをえない。

　そういう制約が設けられた理由は、つぎの二つのうちのいずれかであろう。すなわち、その一つは、以呂波の製作目的ないし使用目的にてらして、同一の仮名の重複がどうしても不都合だったのであろうということであり、もう一つは、いわば、意地でも重複させまいとして努力してできた結果がこの誦文なのであろうということである。端的にいうならば、前者は純粋に実用の線であり、後者は遊びの線である。人間の営為においては、しばしば遊びの要因が主導性を持ったり、あるいは介入したりすることが起こりがちである以上、そういう要因を無視したり、不当に軽視したりすべきではない。

実用か遊びか

『古今和歌集』巻十八（雑下）に左の一首が収められている。勅撰集の中でも特によりすぐったこの歌集の和歌としては、いささかものたりない内容のように見える。

よのうきめ　みえぬやまぢへ　いらむには　おもふひとこそ　ほだしなりけれ

これだけを与えられたのでは、容易にその事実を見抜くことができないが、これには、「同じ文字なき歌」という詞書が添えられており、なるほどそのとおりになっている。恋の部でなしに雑歌として分類されているのは、ことばの技巧が評価されたために相違ない。感動を誘うほどの内容ではないにせよ、ことばづかいのうえで不自然さが感じられないのは、さすがである。使用できる仮名の数は、あとで述べるように、この和歌が作られた当時、四十八種類あった。その中から三十一種類を選んで組み合わせればよいのであるから、それほど難しくもなさそうに思えるが、実際に作ってみれば、たいへんなことだったのであろう。右の表現を当てはめるなら、この和歌はもっぱら遊びの線で作られたものと認められる。
『万葉集』(巻十九)に「ほととぎすを詠む二首」と題する大伴家持の歌がある。

ほととぎす今来《き》鳴きそむ　あやめ草　かづらくまでに離《か》るる日あらめや
〔四一七五〕

わが門《かど》ゆ鳴き過ぎ渡るほととぎす　いや懐しく聞けど飽きたらず　〔四一七六〕

これらも、ついなにげなく読みすごしてしまいそうであるが、前者には「も・の・は/三箇の辞、これを闕《か》く」、また後者には「も・の・は・て・に・を/六箇の辞、これを闕く」という注記が添えられている。頻用度の高いこれらの助詞を使わずに自然な言いまわしの和歌を作ったというもので、これまた、右の意味における遊びである。

用字・用語のうえで厳しい条件をみずからに課し、その制約のもとに韻文を作ろうという遊びが、このように古くから現実に行なわれていたのであるから、以呂波もまたその系譜に属しているという可能性を、簡単に否定すべきではない。さきに「意地でも重複させまい」という表現をしたのは、こういう努力をさしていったのである。

あらかじめみずからに課した苛酷な条件を途中で緩和したのでは、遊びそのものの意義が失われる。

三十一文字の短歌であれば、それでも「同じ文字なき歌」という条件で、ひととおりととのった内容のものが作れるし、また、ととのっていなければ評価もされないが、四十七字の仮名の、そのすべてをどこかに配置しなければならないとなれば、あちこちに無理なことばづかいがでてくることぐらい、当然、許容されるはずである。以呂波にすべての種類の仮名が網羅されているために、その特徴を生かした使い道があとから見いだされただけであって、製作の動機は、あくまでも遊びにあったのではないか、という考えも、成り立つ余地がありそうに思える。

とりなくこゑす

明治三十六年（一九〇三）、当時の新聞『万朝報《よろず》』が「国音の歌」を全国につのったところ、一万以上にのぼる応募があった。その中から第一等に選ばれたのが、埼玉県児玉郡青柳村の坂本百次郎によるつぎの作品である。

とりなくこゑす　ゆめさませ　鳥鳴く声す夢さませ

みよあけわたる　ひんがしを　　見よ明けわたる東を
そらいろはえて　おきつへに　　空色映えて沖つ辺に
ほふねむれゐぬ　もやのうち　　帆舟群れ居ぬ靄のうち

以呂波四十七字のほかにもう一つ「ん」が加わった、四十八字の組み合わせなので、字足らずを生じることもなく、今様体としてきれいに韻律がととのっている。以呂波を見るとあまりにもたくみにできているので、空前絶後の最高傑作であると感嘆し、たとえ、だれがどのように工夫をこらしてみたところで、とうていその足もとにも及ぶまいと考えてしまいがちであるが、右の「とりなくこゑす」などは、以呂波にまさるとも劣らぬすばらしい出来ばえといってよいであろう。

第二十等までの入選作を見わたしても、さすがに、これほどのものはまずないように見えるが、審査員による評価が絶対とばかりは言いきれないと思わせるものもないわけではない。つぎにあげるのは、第十九等に選ばれた菱沼倉四郎の作品で、さながら、山上憶良の「貧窮問答歌」を彷彿させるものがある。

そたひもえちる　ゐろりへに　　粗朶火燃え散る囲炉裏辺に

しつのよさむを　なけくみゆ　賎の夜寒を嘆く見ゆ
めこおとうゑて　かほやせぬ　女子弟飢《い》ゑて顔痩せぬ
あはれきいねん　わらふすま　哀れ着寝ねん藁衾

「とりなくこゑす」とまったく異質な内容であり、格調の高さなどを同一基準から査定するのは困難であるが、これまたたいへんな秀作である。そのほかの入選作についても、一貫した主題で、しかも無理な言いまわしをせずに、一つの韻文を作り上げるための努力がうかがわれ、また、それぞれにその努力が実を結んでいる。募集開始から五箇月間で、これだけの作品が続々と寄せられたところから見ても、まじめに取り組んでみれば、存外、こういうものはまとめることができるものらしい。過去において、どれだけ、これと同じ試みがなされたかはわからないが、本居宣長によるものなど、江戸時代の作品は、いくつか知られている。

右のように考えてくると、以呂波が一つの知的な遊びとして作り出されたのではないかという線に、だんだん大きく傾斜する方向をとることになるが、それをそのまま結論としてしまうのもまた短絡である。考える筋道としては、まず、それがなんらかの必要を満たすために生み出されたのであろうという、実用の線を押せるだけ押してみたうえで、それで納得のゆく説明が得られない場合に、はじめて、遊びの線で検討してみるということでなければならない。もちろん、どちらの線からでも同じように説明できるとしたら——あるいは、どちらの線からも説明がつかないとしたら——、それはそれで、個別の判断が必要になる。

音節と仮名との対応

たがいに区別される仮名の種類、という表現は、たがいに区別される音節の種類、という表現と等価ではない。仮名の種類が四十七種であったからといって、それが成立した当時の日本語に、清濁の対立がなかったことを意味するわけではない。

以呂波には、濁音の仮名が排除されているのであろうか。もしそうだとしたら、「いろは」の「は」の仮名は、[ɸa]（ハ行子音の古い形で、火を「フッ」と吹くときのような子音）だけを表わし、[ba]を表わしていないと考えなければならない。しかし、実際にそうではなくて、[ɸa]と[ba]との両方の音節を「は」という一つの仮名が兼ねているだけなのである。もしそうでなければ、平安時代の仮名表記において、「はなさかは（花咲かば）」「さくはなは（咲く花は）」などと清音も濁音も区別なしに、同じ仮名で書かれているはずがない。したがって、〈これらのほかに、二十の濁音音節があった〉という、専門家の人たちによってしばしばなされている説明は、仮名というものの基本的なありかたを取り違えている点で、かなり重大な誤りをおかしている。

「はなさかはい」「さくはなはい」というそれぞれのまとまりにおいて、[ba]と[ɸa]とでは明らかに発音が違い、たがいに逆にいうこともできないのに、それを一つの仮名で表わすのは不都合であると一般に考えられがちであるが、原理的にいって、そういう論法は成り立たない。

現在、多くの方言において、「あめ(雨)」と、「あめ(飴)」とはアクセントの型が違っているにもかかわらず、高い[a]にも低い[a]にも、同じ「あ」の仮名を当ててすませている。もし、ここで、アクセントの違いぐらい、どうでもよいではないか、と考えるとしたら、清濁の違いぐらい、どうでもよいではないか、という主張に、どういう論拠をもって反駁《はんばく》できるであろうか。〈アクセントと清濁とは、わけが違う〉と言ってみたところで、わけが、どう違うのか、とふたたび反問されたら、きちんとした説明ができるであろうか。発音のうえで区別して使われる諸要因の、そのすべてが文字のうえでも区別されるとは限らないのである。

はなさかは　はなさけは　さくはなは　さくらはな　はるのはな　はなたちはな

平安時代のことばについての、ほんのわずかの知識さえあれば、こういう文字の続きがどういう意味であるのかを、ただちに理解できる。それぞれが文脈の中に置かれていれば、もっとよくわかる。「桜花」を「さくらはな」と書いたのでは、「はな」か「ばな」か、区別がつかないではないかと考えるとしたら、それは、平安時代のことばを知らないからなのである。現代語をそれと同じ方式で書いたとしても、「しろいはな」と「おしろいはな」とで、清濁の読み分けに迷う人はいない。平安時代の人たちは平安時代のことばを知っていた――、あるいは、それしか知らなかった――、というだけのことにすぎない。流麗な筆致で書かれた平仮名文の、その美観をそこなわないように、歌集や物語では濁点が加えられていないという説明は、濁音の表記が濁点によってしか可能でないと前提している点において、根本的に誤りである。たとえば、「加」「我」をくずした字体で［ka］［ga］を表わせば、濁点を用いたりする必要はまったくない。「盤」の字のくずしを助詞の「ば」に当てたり、「ぢ」に当たる音節を「地」で表わしたりしている写本が存在することによっても、それは十分に証明することができる。

表音文字の種類は、特に支障をきたさないかぎり、少ないほど運用に便利であるから、必要にして十分なだけの数に、自然にしぼられてゆく。奈良時代の真仮名は、一字一字を切り離して、それで意味のとおる文章を書かなければならなかったから、清濁までも書き分けなければ、とうてい実用にならなかった。それでさえ、散文を書くのは無理で、韻律の切れ目に頼った和歌や歌謡、あるいは、特定の漢字に対する訓注ぐらいにしか使えなかったのである。それに対して、平安時代に発達した片仮名、平仮名は、清濁の区別をしないでも使うことができた。すなわち、片仮名の場合には、仏典の中に用いられている一つの文字、たとえば「缺」という文字なら、「缺カク」という形で傍訓を加えておけば、その文字は漢文の文脈の中に置かれているから、「掛く」「書く」などという意味に誤解されるおそれはなかったのである。また、平仮名の方は、続け書きによって、ことばのまとまりを標示することが可能になり、これもまた、清濁の対立を一つの仮名に収斂《しゅうれん》しても支障を生じなくなった。

四十七にさらに濁音専用字母を二十加えた六十七の字母を区別しないでも、実用上、四十七で間に合うのなら、その方がよい。もちろん、個別的には清濁の区別をした方が便利な場合もでてくるが、全体としての運用という基準の方が優先する。

清濁を書き分けない表音文字の体系を成立させたのは、いわば、集団の知恵であった。それはそれとして、ほんとうに問題なのは、清濁の対立という、そのこと自体であるが、音韻論の立場でそれを正面から取り上げたのでは、以呂波がどこかに行ってしまうので、ここには触れないことにする。

原点からの再出発

この解釈は不動の定説である、というたぐいの表現をよく目にするが、また、不動の定説と考えられてきたが、という表現に遭遇することもある。そういう場合には、新しい学説がそれにかわって定説の地位を占めることになる。しかし、それとても、三日天下の定説に終るかもしれない。以呂波に関する定説もまた、ちょっとゆすぶってみただけで、もう、ひびがはいってきた。本来、不動の定説などというものが、ありうるはずもないのである。われわれは、こういう危険なはしごをのぼるのをやめて、原点に立ちもどり——、といっても、どこにその原点があるのかという見定めが、まず最初の課題にほかならないが——、真実を求めて慎重に再出発しなければならない。

第二章　以呂波の古い姿

『金光明最勝王経音義』

大東急記念文庫に、承暦本『金光明《こんこうみょう》最勝《さいしょう》王経《おうきょう》音義《おんぎ》』という名で知られる一冊の写本がある。量的に豊富とは言えないが、日本語史の資料として、もっとも重要なものの一つである。その奥書には、左のように記されている。

承暦三年（一〇七九）己未四月十六日抄了。音訓等用㆓借字㆒大底付㆑之。仍只今無㆓清書㆒歟。
追々引㆓勘字書㆒、可㆓一定㆒也。取人之紙十二枚。

「音義」というのは、特定の漢籍や仏典の中から、難しい文字や問題のある文字を拾い出して、それぞれに発音や字義についての説明を加えたもののことで、これは『金光明最勝王経』についての音義である。

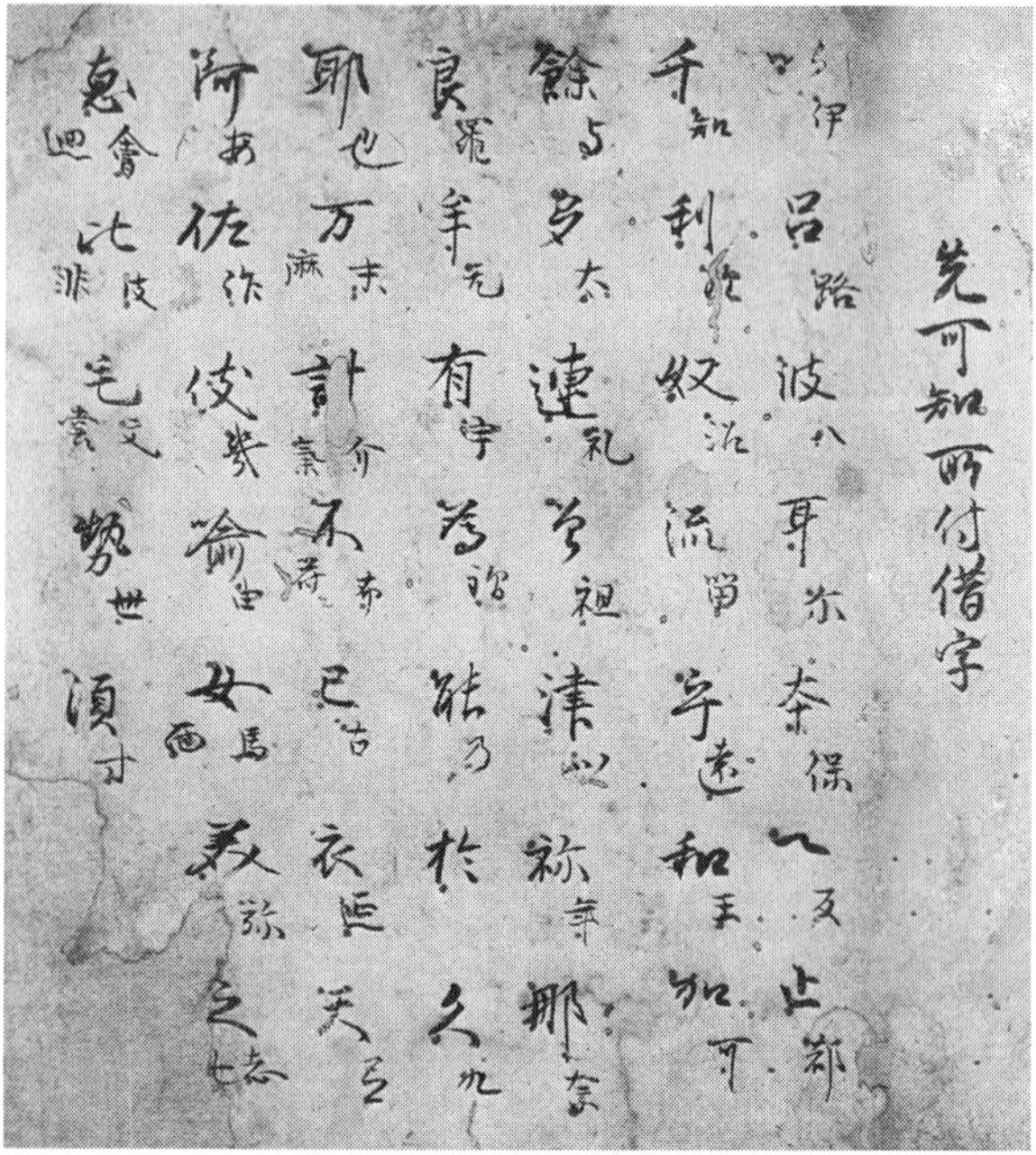

『金光明最勝王経音義』

右の奥書によると「借字」を用いていちおう音《おん》や訓を加えてみたが、まだ草稿の段階なので清書をせず、これから字書と照合しながら、だんだんに整備してゆくつもりだということであるが、はたして、つぎの段階の清書本が作られたのかどうかについては不明である。

この音義は和音を示すために編纂され

たものであるという趣旨の序文が冒頭に記されている。この時期には、正統な学問とともに導入された、中国の長安音に近い漢字音が正音（漢音）として重んじられていたが、和音というのは、それよりもさらに古い時期に取り入れられ、仏典の読書音として伝承されてきた漢字音のことである。

先ヅ可レシ知ニル所レノ付スル借字一ヲ

以伊　呂路　波八　耳尓　本保　へ反　止都
千知　利理　奴沼　流留　乎遠　和王　加可
餘与　多太　連礼　曾祖　津ツ　祢年　那奈
良羅　牟无　有宇　為謂　能乃　於　久九
耶也　万麻末　計気介　不符布　己古　衣延　天弖
阿安　佐作　伎畿　喩由　女面馬　美弥　之士志
恵廻會　比非皮　毛裳文　勢世　須寸

最古の以呂波

その序文に引きつづいて、本文を理解するための予備知識ともいうべき凡例が列挙されているが、その最初に、以呂波が、写真に示すような形で記されている。知られている限り、これが現存する最古の以呂波である。

「先づ、付する所の借字を知る可し（先可知所付借字）」として、ここに示されているのは「音訓等、借字を用ゐて大底これを付す（音訓等用借字大底付之）」という奥書のことばと呼応している。

音義の本文の中からその実例をあげると、たとえば、上の写真に示す「侵」という項目の場合、この文字の音《おん》「志牟」、およびこの文字の訓「乎加須」の表記に使用された五つの文字が、すなわち、ここにいうところの「借字」であって、それらは、すべてこの以呂波の中に含まれている。

「借字」というのは、たとえば、「志」という文字の〈こころざし〉という本来の意味と無関係に、それを「シ」の音節に当てるような「借音」、および「女」という文字の和訓「め」、すなわち〈おんな〉という意味を捨てて、「メ」という音節に当てるような「借訓」をさすものであって、いわゆる真仮名、あるいは万葉仮名の概念に相当するものと思われるが、ここでは「へ」や「ツ」などのような字体までが交じえられている。音義の本文に使用されている「借字」の読み方を、あらかじめ正確に知っておくように、というのが、ここに以呂波があげられた趣旨であると考えられる。

反切

「侵」という文字の字音を表わすために加えられた「志牟反」という注記は「反切《はんせつ》」といって、本来、中国で漢字の音を示すために案出された方式である。中国語は一語が一音節で、それが一つの文字によって表わされるが、その音節構造は、日本語と比較にならないほど複雑である。その最初の子音を「音」、それに続く残りの部分を「韻」といい、求める文字の読み方を「音」と「韻」とに分解して示すのが、この「反切」である。ちなみに「音韻」という語は、ここに起源を持っている。「音」は「声母」、「韻」は「韻母」ともいう。たとえば「東」という文字の字音は、それと頭子音が共通する「徳」、そして、それと残りの部分が共通する「紅」との二つの文字を選んで、「徳紅反」という形で表わされるというしくみになっている。

反切上字　徳 tək	音 t		⇨ 東 tuŋ^1
反切下字　紅 xuŋ^1		韻 uŋ^1	

「志牟反」という反切から、その原理に従って「侵」の字音を導き出すと、s(i)＋(m)u→su ということになる。しかし、実際には、これが si＋mu→simu というつもりであることは、ただちに明らかである。要するに、この文献では、二つの借字によって表わされる音注に「反」という文字を添えているにすぎない。反切の、そういう日本化した用法は、いかにも和音の表記にふさわしい。

なお、過去の時期におけるサ行頭子音の発音には、いろいろと大きな問題があるので、その解決を保留し、ここには、かりにsを当てておくが、それは［s］という発音を表わそうというわけではない。おそらくは［ts］とか［ʃ］とか言っていたのであろう。また、simu という形として得られる漢字音の実際の発音が、sim であったことについては、以呂波のあとに続く凡例の中に注意事項の一つとして指摘されている。

疑問のかずかず

この音義の以呂波をじっと眺めていると、つぎからつぎへと疑問がわいてくる。それらを、ここに書き並べてみよう。

① 現存最古の以呂波が、どうして、仏典の音義などにでてくるのであろうか。
② 韻律の切れ目を無視して、どうして、七字ずつに区切られているのであろうか。
③ 以呂波をこのように表のような形にしてしまうぐらいなら、この目的のためには、むしろ五十音図の方が適切だったのではないであろうか。
④ 大字と小字とが併記されていることには、どういう意味があるのであろうか。
⑤ 一つの大字に対して一つの小字というのが原則のように見えるが、二つの小字を添えたものがあり、しかも、それらが末尾の三行に集中しているのは、なぜで

あろうか。

⑥　「於」の仮名だけに、どうして小字が欠けているのであろうか。

⑦　それぞれの仮名の左上または左下に付された小さな点は、どういう意味を持っているのであろうか。

たがいに連関したものも整理せずにそのまま列挙したが、以下、これらの点について検討を加えてみよう。ただし、叙述の都合で、必ずしも右にあげた順序を追うことにはならない。

大矢透による性格づけ

以呂波については、すでに江戸時代に、多くの人びとによって論及されているが、たいていは独断的な解釈やそれに基づく説明であって、現在でもその価値を失わないものは、きわめてわずかである。本格的研究と呼びうるものは、大矢透による『音図及手習詞歌考』（一九一八年）があらわれるまで待たなければならなかった。

大矢透の『音図及手習詞歌考』は、今日でもなお、その主張の多くが、あるいは定説として受け入れられ、あるいは有力な学説の一つとして評価されている。ここにいうところの「音図」とは「五十音図」を、そして「手習詞歌」とは、あとに触れる「阿女都千《あめつち》」（手習詞）、「大為尓《たゐに》」（手習歌）、および、この「以呂波」（手習歌）をさしている。

大矢透が、右の著書において、以呂波を「手習歌」として性格づけたのは、この誦文が、まさにその目的に供するために作り出されたものであると考えたからである。というよりも、最初からそういう前提に立っていたといった方が正しいであろう。すなわち、ある時期に、普通に使われていた仮名の中から、一音について一字ずつを選び出し、そこに得られたところの四十七字をもって、ある僧徒が自分の宗旨を広めるために、「寂滅為楽」の教旨を意味する七五ずつ四句の歌詞を作り、口誦できるような形にして、「以て世の子女の、習字の手本に適せしめたるなり」というのが、かれによって想定された「伊呂波歌製作の理由」なのである。

二つの用途

「てならひ」ということばは、つれづれの手すさびに、手もとにある紙に、とりとめもなく和歌などを書いてみる、という場合に使われていることが多い。たとえば『源氏物語』の「手習」の巻なども、そういう意味である。しかし、大矢透が以呂波をさして「手習歌」といっているのは、もっと初歩的な学習段階における、文字どおりの習字を考えてのことであって、書く仮名は、当然、平仮名ないしそれに近い字形のものであろう。片仮名については、習字ということが、事実上、行なわれていなかったと考えてよい。

『金光明最勝王経音義』という文献は、幼童の習字などとまったく無縁の世界に属するものであるし、そもそも、ここには平仮名でなしに真仮名が用いられている。「付する所の借字を知る可し」という表現がとられていても、この場合の「知る可し」というのが、まだ書き方を知らない文字を、これからはすらすらと書けるように、ということまでも意味しているとは、とうてい考えられない。この音義を手引きとして使う若い人たちも、もちろん、この程度の「借字」は文字として十分に知っていたはずなのであって、ここに「知る可し」といっているのは、それらをここに示すように体系づけて使うので、それを心得ておくように、というほどの意味として理解しておくべきであろう。わかりやすくいうなら、「都」は「ツ」の仮名としてよく使われているが、この音義では、それが「ト」なのだ、ということを示しているのである。

　一つの可能性としては、以呂波が、本来、大矢透のいう意味における「手習歌」として最初に作り出され、それを、ここでは、このような目的に応用したのだということも、ありえないわけではないが、ともかく、幼童の「手習」と仏典の音義というのは、あまりにもかけ離れすぎているように見える。

以呂波を、この音義に見られるような目的に使用することが、もし、あとになってからの応用であるとしたら、その一次的な目的であったとされる方の「手習」については、それを裏付けうるだけの証拠があるのかといえば、そういうわけでもない。鎌倉時代以降についてなら「手習」の手本として書かれた以呂波も伝存しており、議論の余地がないが、『金光明最勝王経音義』より以前の時期にまでは溯れない。もちろん、一〇七九年以前に、それが「手習」のために使われていたことが、事実をもって確証できたところで、どちらの用途が本来であり、どちらの用途が応用であるかという判断は、依然として微妙であることに、かわりはない。

このようなわけで、われわれにわかっているのは、一〇七九年に、以呂波が、仏典の音義を理解するための、真仮名の字音表として用いられているという事実である。したがって、この誦文が、仏徒の間で、学問的な用途に供する目的で作られたという可能性を、にわかに否定することはできないのである。その方向に引き付けていうならば、歌詞の内容が、いかにも仏徒の作にふさわしいということもある。

韻律の破壊

以呂波が、七五の四句から構成される今様体の形式にしたがっていることは、さきに述べたとおりである。ところが、ここに示されているのは、歌謡としての韻律と無関係に、一行七字ずつに区切って並べられた、表のような形である。最初の一行と最後の二行とは、もとの区切れに一致しているが、全体がくずされているために、その一致の事実にさえ気付かないほどである。たしかに、「借字」の一覧表という機能についてだけいうならば、歌謡としての内容など、どうでもよかったのかもしれない。それならそれで、わざわざこういう韻文をここに持って来て、その韻律を積極的に破壊する必要もなかったはずではなかろうか。

こうなると「借字」の字母表として、なぜ、ここに以呂波などというものを使わなければならなかったのかが、そもそもの問題である。「五音」、すなわち五十音図なら、最初から五字ずつの単位になっているし、また、清濁の関係も明確なので、その方が機能的にいっそうすぐれていたのではないかと考えられるからである。現に、この以呂波のすぐあとには、左のように、五音の体系によって濁音仮名の一覧表があげられているのである。

次ニ可レシ知ニル濁音借字一ヲ

婆　毗　父夫　倍　菩　駄堕　地持　頭徒　弟　□

我何　義疑　具求　下夏　吾五　坐　自事　受　是　増

それにもかかわらず、ここに以呂波の方を選んで、わざわざこういう区切り方にしているということには、なにかそれなりの理由があると考えなければならない。

咎なくて死す

ここに示された以呂波の表を、もう一度、よく見なおしてみよう。各行の末尾に置かれている文字を右から左に順に拾って並べてゆくと、つぎのことばが浮かび上がってくる。

止加那久天之須　⇩　咎《とが》なくて死す

これは、われわれにとって大きな響きである。人間がこの世に生きて、罪科もなく、清らかに死んでゆくことができたら、どんなにすばらしいことであろう。これは、以呂波の内容とも密接に照応し、まさに仏教思想の理想的境地を端的に表現したことばであるといってよい。

以呂波というのは、七字区切りにした場合に、右のことばが行末に並ぶように、最初から意図されて作られているのか、あるいはまた、その作者自身にも思い及ばなかったこういう意味ありげなことばが偶然ここに浮かびあがってきただけにすぎないのか。大矢透は、その判断におおいに迷っている。以呂波を作った人物が、そこまで計算に入れていたとは考えにくいが、七字一行という伝統があるところを見ると、そういう可能性もあながちに否定できない。「寂滅為楽」の趣旨は、まさに、「咎なくて死す」ということなのであるから、「一に唯、之を偶合なりとのみいひて、思ひ棄つべきにあらざるが如し」ということで、判断を保留している。そして、もし、それが以呂波の作者の工夫に出たものであれば、その周到さに驚かざるをえないし、また、かりに偶然であったとしても、幼童の徳育に利用すべきであるとも述べている。

竹田出雲作の浄瑠璃『仮名手本忠臣蔵』は、咎無くして罪を受け、死んでいった赤穂の義臣四十七士を、四十七字の仮名手本、すなわち以呂波に引き当てたもので、一七四八年初演であるから、すでにそのころには「咎なくて死す」が一つの常識のようになっていたらしいし、そういう指摘はほかにもなされているが、どうやら大矢透は、そのことに気づいていないらしい。理性的にはこれを偶合であると判断しながら、やはり、みずからの発見に未練を持って、その可能性が捨てきれないでいる。

以呂波は、無実の罪で処刑されようとする死刑囚の残した、暗号による遺書であるということを証明した人がいる。その死刑囚というのは、『万葉集』の歌人として有名な柿本人麻呂だというのである。もちろん、その最初の手がかりは「咎なくて死す」にある。著者は詩人だということで、奔放な着想がなかなかおもしろいが、日本語の歴史についての初歩的な知識をそなえた読者には、胸をときめかしてそれを読むことができそうもない。

七字区切りにした理由は？

周到に計算された結果なのか、あるいはただの偶然にすぎないのか。実際には、そのどちらなのであろうか。たしかに、この以呂波を構成した人物が、こういうことにかけて、非凡な才能の持主であったことは疑いないにしても、その才能をあまりに過大評価すべきではない。今様体として作られたものを、こういう目的に供するために七字ずつに区切ってみたら、たまたまこのような結果になったというのが真実のところであろう。

ともあれ「咎なくて死す」が最初から意図されたものであるとしたら、七字区切りの理由もまたそこに求めることが可能であるが、いま、それを幻影としてしりぞけてしまうと、この問題は振り出しにもどらざるをえない。われわれは、それにかわるべき、もっと堅実（sclid）な説明のしかたを考えてみなければならない。それは、柿本人麻呂が、以呂波の製作に関して無実であったことの証明としても、必要かもしれない。もちろん、日本語史の専門家にとっては、それが一笑に付すべき妄説であるにしても——。

四　声

この以呂波の各項は、原則として、大字と小字との組み合わせで構成されており、第一行を例にとると、つぎのようになっている。

以伊　呂路　波八　耳尒　本保　へ反　止都

音義というのは実用的なものであるから、同じ発音の音節に、いつでも同じ借字が統一的にあてられているならば、むしろその方が望ましいはずであるにもかかわらず、はじめからわざわざ二つずつの字体が用意されているのは、いったいなにを意味しているのであろうか。「以」と「伊」とでは、あるいは「呂」と「路」とでは、用法のうえで、なんらかの違いがあったのであろうか。音義の中の実際の使われ方を見ても、たとえば、大字は漢字音表記専用、小字は和訓表記専用といったような使い分けにはなっていないし、頻用度の高いものが大字で、低いものが小字というような傾向も認められない。

ここで注目したいのは、ほとんどすべての借字の、その左上または左下に小さな点が加えられていることである。写真では、よく注意しないと見分けにくいが、原本ではそれらが朱で記されているので、はっきり識別できる。

凡例を見てゆくと、その末尾の部分に、左の一項があり、それによって、これらの朱点の意味するところを知ることができる。

次ニ可シレ知ルレ声ヲ

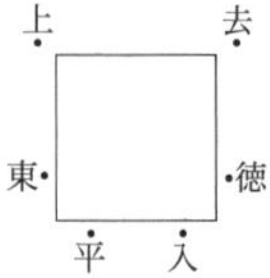

和音ノ上声・去声ハ随ヒテレ便ニ相通ズ

これらの点は《声点《しょうてん》》と呼ばれるもので、それぞれの文字に対する位置によって、その文字の声調、すなわち、高低アクセントを示すための符号である。右には、声調をさして「声《しょう》」といっている。

古代中国の音韻学では、声調を平声・上声・去声・入声《にっしょう》の四類として立てているので、声調それ自体をさして四声という呼び方も行なわれている。もう少し細かく分ける場合には、平声と入声とに軽・重を区別する。右の図で「東」は平声軽、「徳」は入声軽に相当する。「平」「入」は、それぞれ、平声重、入声重である。「平声軽」「入声軽」といわずに「東」「徳」としているのは、一字の方が呼ぶのに便利なためであって、「東」「徳」というのは、いずれも、その声調に属する代表的な文字を選んでその名称としたものである。このように、平声と入声とに軽重の別を立てる声調体系を六声という。

日本字音のアクセント

さきに述べたように、中国語は、本来、一語が一音節であるから、語の意味を相互に識別するためには、音節構造がそれ相応に複雑でなければならないし、アクセントの果たす役割もきわめて大きい。七世紀初頭には、字音を四声によって四つの部に分けた『切韻』という韻引きの辞書が編纂されており、各時期における要請に応じて改訂を重ねながら、後世までその伝統が継承されている。

現代日本語には、同音異義の漢語がひしめいているが、アクセントの型の対立を持つ方言の場合、それらは必ずしも完全な同音異義でなく、型の違いで区別されているものも少なくない。東京語でいえば、つぎにあげるそれぞれの組は、右側のものが高く、また、左側のものが低く始まるのが標準的な言い方になっている。

介抱　銅器　女子　太陽
開放　動機　助詞　大要

しかし、それぞれの文字を切り離して読めば、二音節は二音節、一音節は一音節どうしで、すべてが同じ型になり、違いはどこかに消えてしまう。

歴史的に跡づけてみると、こういう状態は後世になってからのことで、より古くは漢字音のアクセントにもいくつかの型があり、熟語のアクセントも、それぞれの型の組み合わせという形をとっていた。これは、中国語を日本語に取り入れた際、そのアクセントを切り離さずに、字音を構成する有機的な要因の一つとして受け入れたからである。したがって、「侵」という文字に「志牟反」という注記があっても、そのアクセントが平声であることがわからなければ、当時としては、それを口に出していうことができなかったのである。漢字の種類には際限がないが、それらの大部分は形声（諧声）文字といって、意味の範疇を表わす義符と、発音を表わす声符との合成でできているから、

滄　遛　妣　隄　柊　綉　坷　柖　磧　鰔

などという文字にはじめて接しても、現代語の場合なら、音《おん》の方は類推でたいてい見当がつくが、一つ一つにアクセントが結び付いているとなると、類推がきかないだけに、これはなかなか厄介である。音義の凡例の中に一条を立てて、声調の区別についての知識を確認しておく必要があったのも当然である。

字音声調の実態

字音の声調がどのように分類されていたか、また、それぞれの文字がどの声調に所属していたかということは、文献資料によって直接に確かめることができるが、それ

らの声調が、実際にどのような高低抑揚によって発音されていたかを知るのは、たいへんなしごとである。ほとんど絶望的とさえ思えるほどであるが、周到な手順で困難を克服し、信頼性の高い復原に成功したのは、この領域の事実上の開拓者、金田一春彦である。その結果によると、各声調の内容は、つぎのようなものであった。

平声	低平調	［○］	［○○］	去声	上昇調	［◒］	［○●］
東声	下降調	［◓］	［●○］	入声	平声＋p, t, k		［○▽］
上声	高平調	［●］	［●●］	徳声	上声＋p, t, k		［●▽］

最後の二類は、短い音節が無声破裂音に終るものである。それらには三つの類があって、pで終るものは「入《ニフ》」「法《ホフ》」のように「フ」でうつされ、kで終るものは「徳《トク》」「歴《レキ》」のように「ク」「キ」でうつされ、そして、tで終るものは「切《セツ》」「八《ハチ》」のように「ツ」「チ」でうつされた。ただし、この最後の類の場合には、仮名でそのように表記されているということであって、実際には、十六世紀末においてもなお、そのあとに母音をともなわないtのままに発音され、中国原音のおもかげをとどめていたことが知られている。

さきにあげた「侵」という字の例では、文字の左下に声点が付されているから、図にあてはめてみると平声ということになる。すなわち「志牟反」という音注とこれとを合わせると、この文字は、低い調子（［○○］）で、sim と読むべきことが、ここに指示されているのである。

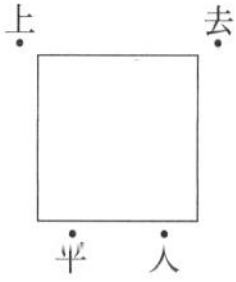

この音義所載の声点図は六声になっているが、「和音」というのは、新しい学問とともに伝えられた正統な音《おん》としての「正音」と違って声調体系も単純化されていて、平声と入声とに軽重を区別せず、したがって「東」と「徳」とは用いられないので、この音義の本文中の漢字には、上の図に示す四種の声点が加えられている。

和訓のアクセント標示

この音義の、もう一つの重要な機能は、そこにあげられた漢字の和訓を示すことにある。「侵」字に添えられた「乎加須」もその例である。『金光明最勝王経』の経文の中にその文字をもう一度もどしてみれば、漢文のどのような文脈の中にそれが置かれているのかが明らかになるが、このように前後と切り離した形で取り出してしまうと、せっかくそこに和訓を示しておいても、意味を取り違えられる危険性がある。それは、現代の東京語に例をとるならば、「生《な》る」と「鳴る」、あるいは「切る」と「着る」とのような場合である。もし、アクセントを同時に示しておく方法さえあれば、この問題は簡単に解決することが可能である。

日本語は中国語と同じく高低アクセントを用いているから、漢字音になぞらえて高低を把握することができる。したがって、一つの借字を単位として、それぞれの音節の高低が表わされていれば、その語全体のアクセントがわかるはずである。そこで、この音義では、右の図に示された体系に従って、和訓を表わす仮名にも声点が加えられている。「侵」の字に添えられた和訓「乎加須」には《上上平》、すなわち「●●○」という加点がなされている。

和訓の仮名に声点を加えたもののうち、年代が明確で、しかも、ある程度の量をそなえた文献として、この音義はもっとも古いものであるうえに、東声点で表わされる下降調音節が、上声点で表わされる高平調音節に大幅に移行する直前の時期に加点されたという事情もあって、日本語のアクセント史にとって、かけがえのない資料である。

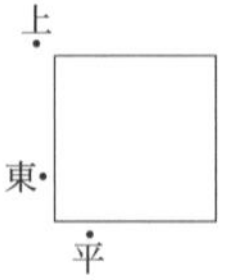

和訓の仮名に実際に加えられている声点は、この音義の場合、上図に示す三種である。このほか、当時の日本語に上昇調音節も

存在したことは、他の文献資料から明らかであるが、この音義の和訓の中にはそれを含む語がたまたま採録されておらず、したがって、去声点の例は見いだされない。

大字と小字との声点

さて、当面の課題は、大字と小字との間に、どのような関係があるのかということであった。ここで、ふたたびその問題に立ちもどることにしよう。

この以呂波に加えられた声点は、平声点［○］と上声点［●］との二種であるが、大字と小字とに加えられた声点を比較してみると、必ずそれがくいちがっている。すなわち、第一行を例にとると、つぎのような関係になっているのである。

平上	平上	上平	平上	平上	上平	平上
以伊	呂路	波八	耳尓	本保	へ反	止都

加点されていない仮名、小字を欠いている項、損傷のため声点の見えない仮名があり、また、小字を二つ添えた項などがあるので、細かいことを言いはじめるといろいろあるが、ともかく、この原則によって貫かれていることは動かせない事実である。「止加那久天之須」とは事情が違う。大字と小字との間に見られるこの注目すべき事

実を指摘したのもまた、金田一春彦であった。

「付する所の借字を知る可し」として示された借字の表においてこのようになっているのは、とりもなおさず、音義の本文に用いられた借字に、高低の別に応じた使い分けがなされていることを意味するのではないか――。この想定は、いくつかの組みについて、まさに的中したのである。

その論文が公表されたのは、太平洋戦争直後、一九四七年のことであった。アクセント史の研究は、その後、さらに大きな進歩をとげたので、現在の水準から見ると、そこでとられた証明の方法に、必ずしも完璧といいがたい点が含まれていることは否定できないが、それはむしろ当然であって、ともかく、これはすばらしい炯眼であった。以下に述べようとする事柄に筆者が思い至ったのも、この発見に導かれて考えてみた結果なのである。

奇妙な模様

ひと組の大字と小字とを比較した場合、たとえば「以」と「伊」とのどちらが仮名としていっそう普通に用いられているかは、簡単には言いにくい。文献による傾向の違いもある。しかし、すくなくとも左にあげる組においては、おおむね、小字の方が広く用いられている。

耳《尓》　本《保》　餘《与》　連《礼》　有《宇》　喩《由》

もちろん、学派による相違なども考慮に入れなければならないので、個々についてはそのように断じにくいものもあるが、全体としては、この以呂波の中に、あまり使われていない方が大字として立てられている例が、いくつか含まれていることは確かである。その選択の理由としては、たとえば「ニ」の場合、そこに平声の字母を持ってこなければならなかったからだ、という以外に考えにくい。ということは、すなわち「イ」には平声字、「ロ」にも平声字、そして「ハ」には上声字というように、あらかじめ設定された方針に基づいて、大字が意図的に排列されていることを意味している。そして、そこに大字として選定されなかった方が、自動的に小字にまわされているということである。

そこで、この以呂波の第一行を、そういうつもりで見なおしてみると、大字の声調の組み合わせは、左のようになっている。

以呂波耳本へ止
○○●○○●○

どの音節が高いとか、どの音節が低いとかいわれても、はじめは、なかなかわかりにくいものである。東北地方の南東部から関東地方の北東部にかけて、あるいは、九州のかなり広い地帯にわたって分布する、アクセントの型を区別しない方言を話している人たちはもちろん、ことばとしてはアクセントの型を言い分け、そして聞き分けている人たちでも、そういうことをふだんは意識していないので、いざあらためて高いか低いかということになると、判断がつきにくくなってしまうのである。

東京語のアクセントには、第一音節と第二音節との高さが違う、という法則的な現象が見られるので、ここに示した［○○●○○●○］というような言い方が自然なことばの中にあらわれることはない。しかし、これはこれで、一つの抑揚を形成しているには相違ない。

ところが、第二行について、同じようにその高低配置を調べてみると、第一行とは似ても似つかない形になっている。

千利奴流乎和加
○○○●●●●

以呂波をこのように七字ずつの区切りにして、それを誦文としてとなえるとしたら、いろいろの節《ふし》まわしがありうるであろう。しかし、かりに第一行を「●○●○●○●」と読んだとしたら、第二行以下も、それと同じに読むのが、いわば常識であるといってよい。したがって、第一行と第二行との調子がこれほどまでに違っているというのは、普通のありかたではない。そこで、あらためて、全体がどのようになっているかを調べてみると、左上に示すように、すべての行が違った調子になっていることが知られる。

1	○○●○○●○	以呂波耳本へ止
2	○○○●●●●	千利奴流乎和加
3	●●○●○●●	餘多連曾津祢那
4	○○○●●○○	良牟有為能於久
5	●○○●○●●	耶万計不己衣天
6	●●○○●○●	阿佐伎喩女美之
7	○○●●●	恵比毛勢須

（注）「和」には声点がないが、小字「王」が平声なので、上声と判定。「之」の声点は鼠害のため不明であるが、本文中の用法から上声と判定。

これでは、どうにも、でたらめとしか言いようがない。

大字の声調をこのように並べてみるという、そもそも無意味だったのであろうか。もしそうだとしたら、これ以上、ここに浮き出てきた奇妙な模様の意味するところを詮索するのは時間の浪費でしかありえない。

そこで、振り出しにもどって、この模様が導き出されるまでの筋道を洗いなおしてみる。どこかで踏みちがえをしているのかもしれない——。しかし、最初からもう一度やり直してみても、やはり、同じ道をたどって、ここにたどりついてしまう。同じところで同じ間違いをくり返しているのかもしれないが、こういうことになった以上、ともかく、この模様と取り組んで、それを支配する原理について考えてみるほかはなさそうである。

原理の模索

この模様は意味を持つのか持たないのか。要するにそのどちらかである。そこで、左のように作業仮説を設定して、その先を考えてみることにする。

作業仮説——この模様は、誦文としての以呂波にとって意味を持つ。

この模様が意味を持つということは、とりもなおさず、それがなんらかの原理の顕現であるからにほかならない。この模様の背後にあってそれを支配している原理をつきとめるための唯一の道は、この模様の中になんらかの規則性を見いだし、その規則性が示唆するところについて考えてみることである。

そういう意図のもとに、この奇妙な模様を眺めなおしてみると、思わせぶりな現象がいくつも目についてくる。横に眺めてみると、第三段に［○］が五つもずらりと並び、そのすぐ下の段には、逆に［●］が四つ肩を並べている。最下段の配置にも、なんとなく規則めいたにおいがある。しかし、どこからも、これこそが全体を支配する規則だといえるほどのものは導き出すことができない。だんだん、フラストレーションが嵩じてくる。そこで、つぎのような疑問がわいてくる。

1　われわれは、規則によって支配されていないところに、いたずらに規則をさぐっているのであろうか。

2　われわれは、規則性を見いだすための、なにか大切な鍵を見すごしているのであろうか。

3　できるかぎり不規則に配置しようというのが、その意図だったのであろうか。もしそうだとしたら、われわれが、この配置の中に、これといった規則を見いだせないことは、とりもなおさず、その意図が成功していることを意味している。ただし、それならそれで、不規則な配置ということに、特定の目的がなければならないはずである。それは、いったいどういうことであろうか。

そして、ふたたび、もとのところにもどってくる。

4　この模様を作ってみたこと自体が、まったく無意味な作業だったのではないであろうか。

これは、まさに壁である。なにか、別の道をさぐるほかはない。

規則性の発見

なんとか方向を転換して、別な角度から攻めなおしてみようと思っても、それほど器用に転換もできない。筋道そのものは正しいはずだ、という考えが、この模様に目を引きもどさせる。すると、ふと、ひとつのひらめきが頭をかすめる。

［○］と［●］とは同数になっているのではないか！

そこで実際に数えてみると、［○］が二十三、［●］が二十四という結果になる。全体が奇数であるから、事実として、両者が同数になりうるはずはないが、これなら事実上、同数になっていると見なしてさしつかえない。最初から、これは〈模様〉という印象であった。その印象は、［○］と［●］との相対的な配置でなしに、それらの全体的な配合の方に、ある種の均斉を感じとったことによるものだったのであろう。

［○］と［●］との数が同じになっている事実そのものは動かない。しかし、そのつぎに待ちかまえているのは、それが意図されたものなのか、偶然の結果なのかという、例の試金石である。

行	1	2	3	4	5	6	7	計
○	5	3	2	5	3	3	2	23
●	2	4	5	2	4	4	3	24

偶然で、これほどきれいな結果がでるはずはない——。この現象を、しかも苦しみぬいた末にようやく発見した立場からは、そう考えたいところである。上の表に示すとおり、各行ごとの分布はきわめてまちまちなのに、総計できちんと帳尻が合っているのは、たまたま合っているのではなく、最初から合わせてあったからなのであろう——。これこそが順当な解釈のように思われる。しかし、そのように認めるためには、どうして［○］と［●］との数を同じにしておく必要があったのかという点についての説明がなされなければならないはずである。

その目的が解明されない限り——、大矢透のことばを借りていうならば――、この推定は「一に唯、之を偶合なりとのみいひて、思ひ棄つべきにあらざるが如し」という域に、とどめておかざるをえない。換言すれば、その可能性(possibility) は残されていても、蓋然性 (probability) の度合いは、まだ評価できないということであって、この段階で試金石にかけるのは早すぎるのである。

計算されたものか偶然か。さきの場合と同じことであるから、ここでいつまでためらっていても、どうにもならない。あらかじめ計算されていたと見うる可能性がでてきたわけであるし、さらに考察を先に進めるとしたら、さしあたりその方向以外にないのであるから、ここに、第二の作業仮説を立ててみることにしよう。

作業仮説――この文献の以呂波には、低い音節と高い音節とが、全体として同数になるように配合されている。

この前提のもとに得られた結果が順当なものであるならば、さかのぼって、右の仮説は、この音義の以呂波を支配する原理として追認されることになる。

一つ一つの行ごとに比較してみると、高低の音節の配置がいかにも不規則になっているにもかかわらず、それが実はでたらめでないとしたら、当然、不規則に見えるその配置もまた、偶然にそのようになっているのではなく、わざわざ、そのようにしくんであるのだと考えなければならない。すなわち、

○○●○○●○　いろはにほへと
○○○●●●●　ちりぬるをわか

というような旋律（節《ふし》）（melody）が、なんらかの積極的意味を持っているということなのである。すべての行が違った旋律になっており、しかも、全体として［○］と［●］とが同数になるように計算されているとしたら、もちろん、そこに、全体としての体系とか調和とかいうべきものがなければならないはずである。

七字区切りの理由

ここまで来たところで、われわれは、一つの懸案が、実にあっけなく解決されてしまったことを知るのである。それは、この以呂波が、どうして七字ずつの区切りになっているのかという、さきに提起しておいたあの問題である。

「咎なくて死す」は、はたして、作者によって最初から意図されたものなのか、あるいは、偶然のなせるいたずらなのかということについて、われわれは、それを偶然と認めるという判断を下してある。われわれの平衡感覚は、そこに超能力的才能の存在しうる可能性を拒否して、より穏当な線をとったということである。まして、この文

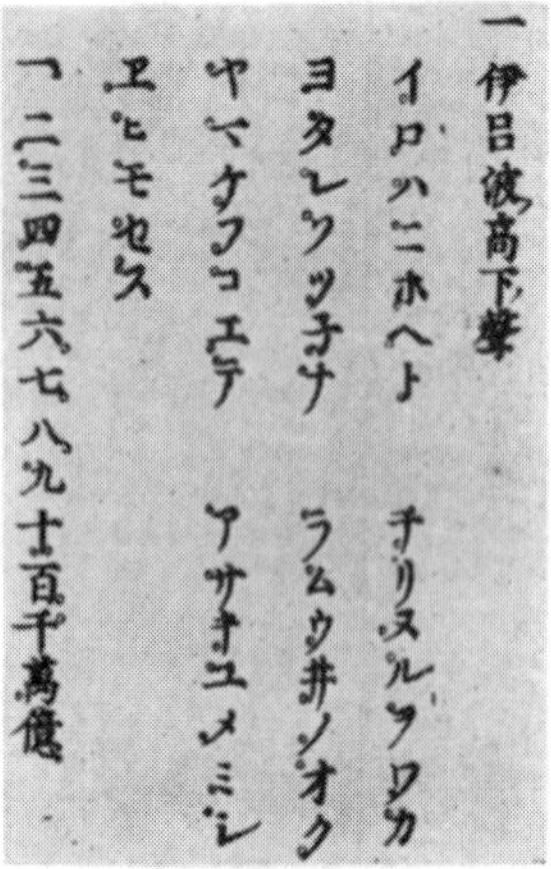

貞享版『補忘記』

献の場合、せっかくの韻律を殺してまで、そのことばを浮き出させる必要があったとは、とうてい考えられない。

こういう否定のしかたは、結果として誤りでないにしても、あまり後味のよいものではない。これこそが、その正当な理由なのだと言えるだけの、それにかかわるべき説得力のある解釈を示すことができず、先行する考え方をただ否定しただけに終ってしまっているからである。ところが、ここにその理由づけが、急に見えてきた。それは、各行の字数をそろえておいて、それらに対して、たがいに異なる旋律を付けることが目的だったのだろうということである。もちろん、これだけでは、どうして一行が七字でなければならないのかというところまではわからないが、こういう外形にととのえなおされたことの理由は、これで説明できたことになるはずである。

『補忘記』所載の以呂波

真言宗智山派の学僧、観応（一六五〇〜一七一〇）のあらわした『補忘記《ぶもうき》』という版本がある。真言宗の論議に用いられる語を集成したもので、節博士《ふしはかせ》と呼ばれる方式を用いて詳細にアクセントが示されている。貞享四年（一六八七）と元禄八年（一六九五）との二つの版があるが、そこに記されたアクセントは十六世紀にさかのぼるものと推定されている。『金光明最勝王経音義』から、かれこれ五百年後と考えておいてよいであろう。

その凡例の部分に「伊呂波ノ高下ノ声」という一項があり、片仮名書きの以呂波を七字ずつに区切って、すべての仮名に声点を加えているのが注目される。最後の「ス」だけは、二つの声点が、上声の位置に縦に並べて加えられている。これは《新濁》といい、本来は清《す》んで発音するものを、発音の便宜から習慣的に濁ることを示す場合に用いられる記号である。二つの版の内容には少なからぬ違いが認められるが、この以呂波に関しては、細部にわたるまで一致している。そこに示された旋律を「○」と「●」とに書きなおすと、上のようになっている。

○○●●○○○
○●○●●○●
○●●●○○●
●●○○○●○
●●○○●○●
●●○●○○●
○●●●●

『金光明最勝王経音義』のそれと比較してみると、「○」と

行	1	2	3	4	5	6	7	計
○	5	3	3	4	3	3	1	22
●	2	4	4	3	4	4	4	25

「●」との配置が、まるで異なっている。これは、いったいどういうことであろうか。五百年もの間、口誦として伝えられているうちに、ついに、これほどまでに変貌してしまったのであろうか。

この以呂波の場合、「○」と「●」との各行ごとの分布は上の表のとおりで、それぞれの合計は「○」が二十二、「●」が二十五となっており、かなり接近しているものの、『金光明最勝王経音義』の以呂波の場合と違って、事実上、同数にそろえられているという表現が、ここでは許されない。

いささか気になるのは、最後の「ス」の仮名に加えられた新濁の点である。本来なら濁らないが、ここでは、上からの続きで濁って読むという意味で、なんとなく軽く扱われているような感じである。そういう目で見ると、この「ズ」だけでなく、末尾の行だけに、旋律についての配慮が欠けているようにさえ見える（この点に関しては、第五章において、あらためて考えなおしてみたい）。そこで、この行を切り捨てて、残りの六行を完結した形と見なすことにすると、「○」と「●」との数は、きれいに二十一個ずつになっている。

そこで『金光明最勝王経音義』に立ちもどって、やはり最後の一行を切り捨てて両者の分布を調べてみると、ここでも結果は同じになることがわかる。最後の行まで数えた場合には、それらの数が、事実上、一致していると見なしてさしつかえない、という言い方しかできなかったが、今度は、まさに事実として一致しているのである。こちらの方は、『補忘記』の場合と違って、最後の行も計算から除外されていないが、心なしか「○○●●●」という旋律は、2と3とでひととおり付けておいたという印象がないでもない。

もともと、なにか特定の目的があって七字ずつの区切りにしたものであるとしたら、五字ではその役に立たなかったはずであり、したがって、この一行は、いわば余りとして残された部分であった。『金光明最勝王経音義』では、それをもいちおうは組みこもうとしているが、『補忘記』の方は、その余りを切り捨ててしまっていると見れば、説明がつきそうに思われる。

五百年という時間的距離をひとまたぎに飛び越したうえに、文献資料の質を吟味する手続きを踏まずに、いきなりこういう比較を試みたことについては、もちろん、方法上、大きな問題がある。ただ、ほんとうは、そういう手続きを省略したわけではなく、ここでその過程をすべて述べるのは適切でないと判断して、説明を省略したということである。ともあれ、右に行なった比較がけっして不当なものでないことは、おいおい明らかになるであろう。

もし、五字しかない最後の一行を余りであると見なすことができるなら、それをもとにして、われわれは、つぎのような推定をくだすことが可能である。

なんらかの目的に供するために——、そしてその目的がどういうものであったのかを知ることが、まさにわれわれにとっての当面の課題にほかならないが——、以呂波は、各行の字数が同じになるように区切られ、それぞれが、他の行と異なる旋律になるように声点が加えられた。また、所定の字数に達しない末尾の部分は、その目的のために使用できなかった。

以呂波の総字数四十七は素数であるから、いくつずつに区切ろうと、必ず剰余を生じることになる。しかし、いうまでもなく、剰余として捨て去られる文字の数は、少ないほどよいはずである。いま、各行の字数と、そして、そのように区切ることによって生じる余りの字数との関係をまとめてみると、次ページの表に示すとおりである。たとえば、一行を五字または九字にすると、余りは二字にすぎず、いちばん無駄の少ない切り方になる。また、一行を六字にしても七字にしても、結果は変わらない。したがって、五字や九字の方を選ばず、六字にもしていないのは、一行七字というのが、その目的にとって、もっとも適した長さであったからなのか、あるいは、七字単位でなければその目的に供することができなかったためなのか、そのどちらかであると考えるのが正しいであろう。もちろん、外形上の調和のよしあしなどが基準ではありえない。

　さきに述べたとおり『金光明最勝王経音義』の凡例では、以呂波のあとに音図の組織に従って「濁音借字」が列挙されている。それぐらいなら「付する所の借字」の方も、いっそのこと、以呂波でなしに五十音図にしておけばよかったようなものであるが、そうしなかったのは——、というより、そうすることができなかったのは——、五十音図によったのでは、なにか不都合があったからなのであろうと推測される。ただし、その不都合というのが、もし、五字単位で構成されているものを、その原理を無視して七字区切りにするのが不自然だというだけのことだとしたら、それは、あまり理由にならないであろう。なぜなら、七五調で構成されている以呂波の、その韻律を無視し

余り字数	所要字数	行数	各行の字数
2	45	15	3
3	44	11	4
2	45	9	5
5	42	7	6
5	42	6	7
7	40	5	8
2	45	5	9
7	40	4	10

て七字区切りにしてしまうのも、すくなくともそれと同じぐらいには不自然なことだったからである。以呂波の方は、韻文の形で文脈を持っているだけに、なおさらそれが不自然だったというべきかもしれない。

しかし、これもまた、ただそれだけの問題であったなら、実に簡単に解決することができたはずである。以呂波のように、すでに一つの形をなしているものを使わずに、最初から、まったくでたらめに仮名を七つずつ並べれば、そういう意味での不自然さなど、生じる余地がなかったからである。この音義の編者が、そこに思いいたらなかったとは、とうてい考えられない。したがって、ほかならぬ以呂波がここに用いられていることには、もっと深い理由がなければならないはずである。

以呂波が、五十音図や、仮名のでたらめな排列と異なるのは、つぎの二つの条件を同時に満たしているところにある。

1　文脈あるいは組織を持っていること（仮名のでたらめな排列には、この条件が欠けている。また、音図には文脈がなく、また、この当時、各行の順序は一定していなかった）。

2　仮名の重複を含んでいないこと（五十音図には、この条件が欠けている）。

これらの条件の意味するところについての検討は、もう少し先に延ばすことにして、ともかく、ここに以呂波が選ばれた理由は、さしあたり、これ以外に考えることができない。

七字区切りと旋律

『金光明最勝王経音義』所載の以呂波を、われわれは、これまで、仮名の一覧表であると理解してきた。いわば、それを視覚的にとらえてきたといってよいかもしれない。しかし、これまでの検討の結果を総合してみると、どうやらこの認識は根本的に誤っていたらしい。

もし、表記された文字の字形や、それぞれの個別的な発音のしかただけが問題であったとしたら、二つの字母のうち、そのどちらを大字にするかということにも、なにか単純な基準があってよかったはずである。大字はすべて〔●〕であるとか、その逆であるとかいうことで一貫されていた方が、記憶しやすいし、大字の以呂波と小字の以呂波とが別々になっていたとしたら、なおさら便利だったかもしれない。しかし、事実は〔○〕と〔●〕との配置がこのとおりまちまちであり、それにもかかわらず、全体を総計してみると［○］と［●］との数が同じになっている。

こういう現象を、すべて恣意や偶然によるものとして強引に無視しない限り、ここに示された以呂波には、個々の文字の字形や発音以外に、もっと別な要因が、全体の形の中に含められていたと考えるほかはない。これまでの検討の結果、明らかになったのは、その別な要因というのが、旋律だったということである。すなわち、この以呂波は、ここに指示されたとおりの旋律で読み上げ、そして、その形で暗誦するためのものだったのである。つい歌詞だけに気を取られすぎて、それに譜が付いていることを見のがしていたようなものである。凡例の末尾に「次に声を知る可し」という、声調に関する一条が特別に立てられていることもあって、「先づ、付する所の借字を知る可し」としてあげられた以呂波にまで、声調が有機的にからんでいようとは、考え及ばなかったということなのである。

どういう分野の研究についても、おそらく共通していえることなのであろうが、その問題が解決された段階になって、その結論に到達するまでの過程をふり返ると、どうして、これほどまでに単純なことがわからずに、あれこれと無駄な回り道をしたのだろうと、あきれることが多い。以呂波の七字区切りについての究明もまた、その典型的な例の一つである。ここまで来たところで考えるなら、「咎なくて死す」が、そのように意図されたものであるかどうかというような事柄は、検討の対象とするだけの価値さえも持たなかったわけであるが、そこでは、やはり、こだわらざるをえなかったし、また、それを偶然と見なして、もとの道にもどったあとの進み方も、一直線にはなっていない。しかし、いま、一つ一つの仮名に加えられた声調標示が個別的なものでなく、全体として一貫した旋律であることが明白になってみると、七字区切りになっている理由も、まさにその旋律を作り出すための作業の一環として、無理なく説明することが可能になった。まず歌詞をととのえ、それをもとに作曲するというのが順当な手順だからである。

なお、ここには「歌詞」とか「作曲」とかいうことばを使ったが、それは「旋律」の延長としての比喩にすぎない。そもそも、「旋律」といっても、ここには《高》と《低》との二種類の音節しか使っていないわけであるから、それは、歌謡として歌うためのものではなく、唱えるためのものでしかありえない。そのような誦文は、いったい、どういう目的のために作られたものなのであろうか。

旋律を付した目的

われわれは、この文献が『金光明最勝王経』の読誦に用いられる和音を示すために編纂されたものだということを、ここに思い出す必要がある。序文のことばを引けば「難字等に和音の借字を付す」ということである。この以呂波は、それを受けて「先づ、付する所の借字を知る可し」としてあげられているのであるから、この誦文の構成もまた、和音、ないし漢字音一般の理解のために工夫されたのではないかということが、当然、検討されなければならないはずである。

音義の本体部分に借字が用いられているのは、漢字音表記に限らない。それらと併記された和訓もまた、さきに例示したとおり、同じく借字によって表わされている。以呂波と関係があるのは、漢字音でなく、和訓の方なのではないか。ここでは、そう考えるのが自然のように思われないでもない。

旋律ということから問題になりうる言語的要因といえば、まずアクセントである。イントネーションも無関係ではありえないが、当時の人たちにそれについての明確な認識があったとは考えにくいので、この場合には除外してよいであろう。しかし、日常的な日本語のアクセントをおぼえることをその最終的な目的として、このような工夫がなされたと見るのは、いかにも不自然である。地方出身者にとっては、京都アクセントを習得する必要もあったであろうが、そのためにこういう手段が用いられたとは、とうてい考えられない。やはり、これは、日本人にとって厄介だったはずの漢字音の声調との結び付きにおいて解釈すべきもののようである。

しかし、漢字音の声調を理解するために、複雑多彩な旋律の付けられた以呂波を暗誦しなければならなかったというのも、それほどすなおに納得のゆくことではない。これは、仮名の手習のために作られ、また、そのように使われたという、以呂波についての社会的通念を逆撫でするような解釈の方向である。そういう社会通念が誤りであるのか、あるいはまた、右のように考えざるをえなくなったのは、われわれが推論の過程で誤りをおかしたことに気づかずに、迷路にはまりこんでしまったためなのか、そのどちらかということになる。

ただ、考えてみれば、それが作られたときのままの姿でないとはいえ、現存最古の以呂波が、こういう種類の文献の中に、しかもこういう形ででてくるということ自体、すでに、以呂波についての社会的通念に修正を求めるものであった。したがって、そこからこういう線が導き出されたとしても、あながち奇異であるとは言えないのかもしれない。要は、その理由を矛盾なく説明できるかどうかということである。

歴史上の事実を直接に確認する手段はないから、ここにことごとしく言いたてるまでもなく、われわれの到達できるのは、あくまでも相対的な真実である。もちろん、相対的な真実にすぎないと表現すべきものではないにしても――。したがって、一つの解釈は、いっそう合理的なもう一つの解釈によって置きかえられるまで、その有効性が保持されることになる。その意味で、手習との結び付けは、これまで十分に有効であったが、今後ともそのまま有効でありつづけるか否かは、われわれが、新たな破綻を生じることなしに、漢字音の声調との結び付けに成功するか否かにかかっていると言ってよいであろう。

考察の限界

多少、見通しが明るくなってきたが、さりとて未解決の問題が足かせになって、このまま進むのは無理になってしまっている。すなわち、なぜ、わざわざ文脈をそなえたものを持ってきて、それをくずさなければならなかったのか、また、なぜ、その特定の目的のためには仮名の重複が許されなかったのかという重大な疑問をかかえたままでは、説得力のある帰結を導き出すための基盤が、あまりにも弱すぎるのである。このあたりで、別な文献資料に目を転じて、新しい角度から検討を加えてみることにしたい。

なお、この以呂波の全体を通じて「於」の項だけに小字が欠けているのも、そのままに見すごせないが、その事実が重要な問題の存在を暗示しているのか、あるいはまた、不用意な欠落にすぎないのかを決定することも、この文献の内部的処理によっては困難なので、やはり次章以降に持ち越して解決の道をさぐることにしよう。

【学術文庫版補記】

承暦本『金光明最勝王経音義』が書写された一〇七九年には、すでにカタカナが十分に発達していたにもかかわらず、以呂波にも音義本体の和訓にも借字が使用されている。中公新書版にはその理由を書き漏らしたので、ここに補っておく。

① 片仮名では、以呂波の大字と小字とに一目瞭然の別字体で書き分けることが困難であった。

② 字体が極端に単純な片仮名よりも、画数が多く方形に近い借字のほうが、声点の位置を見分けやすかった。そのことは、和訓についても当てはまる。

③ 片仮名では清濁を書き分けることができなかったが、借字なら「久《ク》知《チ》婆《バ》志《シ》（上上上平）」のように清濁の字母を使い分けることができた。この時期には、まだ、清音を単声点、濁音を複声点で区別する方式が発達していなかった。

第三章　大為尓をめぐる諸問題

『口遊』

名古屋の真福寺に『口遊』という題の一冊の写本がある。「くちずさみ」と読むのであろう。著者は源為憲《みなもとのためのり》（一〇一一年没）で、天禄元年（九七〇）の序文があるが、鎌倉時代にはいって、弘長三年（一二六三）の写しである。このほかには伝本の存在が知られていない。源為憲は、ちょうど紫式部や清少納言と同じころの人で、『三宝絵詞』や『世俗諺文』その他の著者であり、相当の学者である。詩文にも長じていたらしい。

この『口遊』というのは、この章において取り上げる「大為尓」という誦文が、この文献以外に見えないために、そのことでこそよく知られているものの、全体の内容については、かえりみる人が少ないようである。しかし、読んでゆくと、これはなかなかおもしろい本なのである。なにしろ、当時は、夜道をうっかり歩こうものなら百鬼夜行にあいかねないような時代であるから、「夜行途中歌」というのがある。酔払って手も足もふらふらだというような文句が韻文になっていて、それをぶつぶつととなえて歩いたらしい。「夜行途中逢死人歌」などというのもある。そういうおまじないをとなえずに素どおりすると、死霊が乗り移ったりしたのであろうか。生まれてくる子の性別を占う法がある。掛け算の九九があって、これは「九々八十一」から始まっている。「九九」という呼び方は、こういうところに、そのもとがあるらしい。そのほか、有名な橋の名称、寺院の名称、宮廷の門の名称など、いろいろの名称が系統的に列挙されている。要するに、この本は、当時の教養人のための必須知識集として編纂されたものであり、『口遊』という書名も、そういう意味なのである。

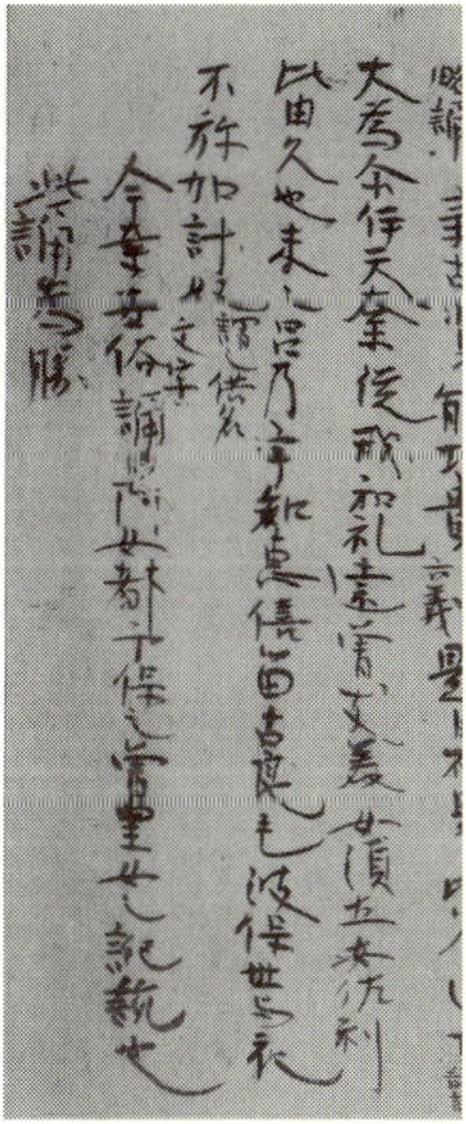
『口　遊』

大為尓

『口遊』の全体は十九の部門から成っていて、その一つに「書籍門」というのがある。ここには、有名な漢籍の名称とか、漢詩の韻のふみ方の規則、漢字音の韻の種類の名称その他が列挙されており、それらの中の一項として一つの誦文が記されている。原文は前ページの写真に示したように、句の切れ目を置かず、三行にわたって書かれているが、それを韻文の形式にととのえると、つぎのような形になる。

大為尓伊天　奈徒武和礼遠曾　支美女須土　安佐利比由久
也末之呂乃　宇知恵倍留古良　毛波保世与　衣不祢加計奴謂之借名文字
今案　世俗誦曰阿女都千保之曾里女之訛説也　此誦為勝

この真福寺蔵の『口遊』は江戸時代に模刻本が刊行されていたが、この誦文の存在に目を止める人がいなかった。それを世に紹介したのは大矢透である。かれは、この誦文をつぎのように解読している。

田居ニ出デ。菜摘ム我ヲゾ。君召スト。求食《アサ》リ追ヒ往ク。山城ノ。打酔《ヱ》ヘル児ラ。
藻干《モハホ》セヨ。得船繫ケヌ。

「たゐ」とは「田」のことで、『万葉集』や催馬楽《さいばら》などに使われている。また「もは」とは「薻葉」、すなわち「藻」のことで、次章にとりあげる源順の『和名類聚抄』にも採録されている。

語彙の膨張にともなって、語と語との識別を容易にするために、たとえば「え」を「えだ」に、「せ」を「せなか」に、というような形をとって、一音節語を二音節語や三音節語にする方向の変化を生じた。「えだ」の「だ」は正体不明であり、「せなか」といっても中央部をさすというわけではない。要するに、意味はもとのままで、語形が補強されたのである。「たゐ」「もは」も、そのような動機から新しくできた二音節語であって、「もは」といったところで、根に対して特にその葉の方を強調した語形というわけではない。現代語の「菜っ葉」を連想させるような構成である。「たゐ」は『万葉集』に使われているところから見て、すでに古い時期にその形をとるようになったらしいが、かえって平安時代の用例に乏しい。あるいは、催馬楽に用いられているために、理解可能な語彙の中に残っていたものであろうか。

さて、右に示した解読文を読んでみると、これはどう見てもおかしな内容としか言いようがない。あるいは解読の誤りかと疑ってみても、ここをこう直せば、もっと滑らかに意味がとおるというものではない。「菜摘む」のかわりに、難儀をするという意味の「泥《なづ》む」を当ててみてはどうだろうとか、「求食り追ひ往く」では意味をなさないから、「阿闍梨《あざり》、負ひ行く」で解釈できないだろうかというようなことを議論してみても、決定的な改善案など出てきようがない。そしてまた、以呂波の場合と同じように、それはどうでもよいことなのである。無理な条件を課して作られたものに、無理があらわれたということにすぎない。

「於」の仮名の欠如

原文と解読文とをよく突き合わせてみると、「安佐利比由久」が「求食《アサ》リ追ヒ往ク」となっており、「利」と「比」との間に「オ」が補われている。真福寺本は後世になってからの写しなので全体に誤脱が多く、

此の歌の如きも、安佐利於比由久とあるべきを、於の一字を脱し、……

というのが、そのことに関する説明のすべてであって、その位置にこの文字を補入すべき理由や根拠についてはいっさい述べられていない。大矢透にとって、それは、ことばをついやすまでもなく、自明のことだったのであろう。

われわれも、かれが、なぜ、この位置に「於」があったはずだと考えたのかを、推

測できないわけではない。それも、かなり確実な推測が可能である。しかし、そうかといって、証明の過程を省略することが許されてよいわけではない。言い添えておくならば、われわれが文献資料に接する場合には、まず、そこに書かれている形がそのままに正しいと仮定して解釈するのが基本的な姿勢でなければならない。既成の知識をもとにして、それに合わない事実をすべて書き誤りとして訂正していったのでは、発見も進歩も期待できるはずがないのである。一見、誤りとか脱落とかいうように見える場合にも、それなりの理由があるのかもしれない。大矢透が、四十六字の誦文を目の前にしながら、そういうはずはないと最初からきめこんでしまったのは、方法以前の問題として批判されなければならない。いろいろに考えてみたうえで、なお解釈の付かない場合に、はじめて、誤脱の可能性を、おずおずと提出すべきである。

補入の根拠

大矢透が、この部分に「於」の脱落があるはずだと確信をもって想定したのは、おそらく、つぎのように考えたからなのであろう。

① この誦文は五七調をもって構成されている。

② それにもかかわらず、「安佐利比由久」と「衣不祢加計奴」との二箇所が、いずれも六字であるために、韻律が乱れている。

③ 以呂波の場合にも、一箇所に字たらずを生じている。それは、使える仮名が四十七字しかなかったためである。

④ この誦文の字たらずも、やはり、使用できる仮名が四十八字に足りなかったために生じたものと考えられる。

⑤ この誦文を以呂波と突き合わせてみると、「お（於）」だけが欠けている。

⑥ 天禄元年（九七〇）には、日本語の音韻体系の中に「お」の仮名で表わされる［o］の音節があったはずであるから、字たらずになっている二つの句のうちのどちらかに、「於」が含まれていたと考えなければならない。

⑦ 「えふねかけぬ」はそれで解釈できるが、「あさりひゆく」の方は、どうにもつうじない。

⑧ したがって、ここは『口遊』の本文に「安佐利於比由久」とあったものを、後世の不注意な人物が、このような形に誤って写してしまったものに相違ない。

真福寺本では、この誦文の第一行が「利」の仮名で終り、第二行が「比」の仮名で始まっているから、行がえの際に、「於」の字をとばしてしまったのではないかという可能性も考えられる。ただし、大矢透がその点をも補入の根拠として加えていたかどうかはわからない。

はたして誤脱か

大矢透にかわって、われわれ自身でこのような筋立てをしてみると、「阿佐利於比由久」は、もはや動かすべからざるものになったとさえ思えてくるが、そうではない。ここに「於」の誤脱をまず直観的に想定し、その想定の正しさを裏付けてゆくならば、導かれる結論は右のようにしかなりようがないというだけのことなのである。『金光明最勝王経音義』の以呂波をもう一度おもいだしてみよう。その中で、ただ一つだけ、小字が添えられていないのもまた、この「於」だったのである。

たしかに、人間の仕事に間違いは付きものである。どんなに正確さの要求される仕事にも、ついうっかりということがでてきがちなものであるから、ただ一つだけを取り上げて、絶対ということはいいにくい。しかし、別々の人物が相互に無関係に「於」の仮名に限ってこういう間違いをおかしているという確率は、非常に低いと考えてよいであろう。したがって、以呂波の方では「於」だけが中途半端に扱われ、大為尓では、ほかならぬその「於」が欠けているとしたら、偶然の一致ですまされないものがあると考えるのが順当である。われわれは、真福寺本の大為尓に「於」が欠落しているという事実を、不注意によって生じた誤り（careless mistake）ではなく、実はこれが意図されたままの形なのではないかという線で、その理由をさぐってみなければならない。右の①から⑧までの筋立てでいえば、⑦と⑧との間に飛躍があるということなのである。

音韻変化 o>wo

現代かなづかいでは「お」と「を」との二つの仮名を使い分けており、五十音図でも、ア行とワ行とにそれぞれの位置が与えられている。それは、格助詞の［o］に「を」を当てるという現代仮名づかいの約束に基づくものであって、発音のうえでは、まったく区別がない。

ところが、平安時代初期の九世紀にまで溯れば、これら二つの仮名は別々の発音に裏付けられていた。というよりも、発音が違うからこそ、別々の仮名が当てられていたのだといった方が、いっそう正しく表現したことになる。すなわち、

あいうえお　a i u e o
わゐうゑを　wa wi u we wo

という状態だったのである。「お」と「を」とが、どういう語のどういう位置にあらわれるかを調べてみると、その分布はつぎのようになっている。

お――おと（音）　おこる（起）　おす（押）　おほやけ（公）　おも（面）　おみ（臣）……
を――をとこ（男）　をか（岡）　をぎ（荻）　をばな（尾花）　をる（折）　をふ（終）……
かをる（薫）　いを（魚）　さを（棹）　しをる（萎）　とを（十）　あを（青）……

これによって知られるとおり、「お」は語頭だけにしかあらわれないのに対し、「を」は語頭にも、また語頭以外の位置にもあらわれている。日本語ではすべての音節が母音終りの構造になっているので、語頭以外の位置に、もし単独母音の「お」がくると、その前の音節が必ず母音で終っているために母音連続を生じることになるが、古い時期の日本語では、一つの単位の中に母音連続の存在することを許さなかったので、そういう語形は、最初から存在しなかったのである。

右の状態は十世紀の前半まで持続したが、九五〇年前後になると、それまで「お」で書かれていたものが「を」で書かれたり、逆にまた「を」で書かれていたものが「お」で書かれるという現象があらわれてきた。それは、これら二つの仮名で別々に表わされていた［o］と［wo］との二つの音節が、発音のうえで合流しかけていたことを意味している。その変化は o＞wo という方向で進行し、それまで「お」の仮名で表わされてきた単独母音［o］が、日本語の音韻体系から姿を消すことになったのである。具体的な語に即していうならば、次のような変化を起こしたことになる。

音　oto＞woto　　起きて　okite＞wokite　　己　onore＞wonore

現代語では［o］と発音されているが、それは、江戸時代になって、wo＞o という変化を起こして生じたものである。いったん失われた［o］がふたたび復活して、古代語に回帰したかのような錯覚におちいりやすいが、十世紀に生じた変化が、二種類の音節の合流であるのに対して、新しく起こった変化は、それ自体の発音のしかたの変化であるという点に大きな違いがある。［wo］が二つに分裂して、もう一度［wo］と［o］との音韻的な区別が復活したわけではない。それぞれの時期における音韻結合のありかたについての要請が、それぞれの音韻変化としてあらわれたということなのであって、猫の目のように変わっているというようなとらえ方をしてはならない。

変化の生じた年代

右には、平仮名の「を」「お」を用いて説明を加えてきたが、こういう事実について調査する場合、資料として利用できる文献のほとんどは、仏典の訓読のために加えられた片仮名がきの傍訓である。片仮名は発音にかなり忠実であるために、音韻変化の結果を反映しやすく、また、その時期に記されたものが、そのままの形で伝存しているからである。平仮名がきの文献は、作品そのものがその時期に成立していても、書写を重ねているために、平安時代に書かれたときの表記をそのまま伝えているようなものはきわめて少ない。そのことについては、第七章に詳しく述べることにする。

ある一つの言語変化が、いつごろ起こったかということを、数年とか十数年とかいう狭い時間の幅の中に限局してとらえることはできない。それは、多彩な虹の中に、色と色との境界を設けようとする試みに似ている。言語変化は若い世代から始まるのが普通であるが、その同じ時期に、もっと年長の人たちがいっしょに生きていて、全体として一つの言語社会を構成しており、それぞれが文献を書き残しているので、奥書の年代を単純に比較しただけで、いつごろはどうだったというようなことが言えるはずはない。その人物の年齢がわかっていれば、もちろん、わからないよりは考えやすいが、それとても相対的な差にすぎない。o>wo という変化に関しても、「オ」「ヲ」の仮名の混用が九五〇年ごろの文献資料からあらわれ始めるからといって、それは、一つの有力な目安という以上のものと考えてはならない。文献資料だけを取り扱ってその中に溺れてしまうと、言語変化一般のありかたを考えずに、この文献にこうあるから、その時期にはこうだった、という単純な決めつけになりやすい。しかし、すべて、現象には解釈が必要なのである。

『口遊』の成立は九七〇年である。それは、すくなくとも一部の人たちが「治《オサム》」とか「自《ヲノツカラ》」というように、それ以前と逆の使い方で傍訓を加え始めていた時期に相当する。そういう傍訓を加えた学僧たちの年齢は不明であるし、また、為憲の方も、没年がわかっているだけなので、その当時の年齢を知ることができない。したがって、最後的には断言しにくいが、音韻変化の一般的な進行のしかたから考えるならば、おそらく、かれ自身は［o］と［wo］とを区別して使っていたか、あるいは、その区別が理解できたものと推定しておいてよいであろう。そして、もしその推定が正しいとするならば、九七〇年に成立した『口遊』の原本においては、大為尔の中に「於」の仮名が含まれていたはずと考えなければならない。

この誦文の中のどの位置に「於」の仮名を補充すべきかということになれば、それは韻律のととのっていない二つの句、すなわち、つぎのうちのどちらかに限られる。

阿佐利比由久……(1)　　衣不祢加計奴……(2)

しかし、さきに筋立てを試みたところからするならば、⑦にあげた理由から、大矢透がそう考えたとおり、(1)以外ではありえないであろう。

ここまでは、そのとおりでよい。しかし、さきに指摘したとおり、ここに「於」が欠如していることについては、ずさんな写し取りの結果として生じた単純な脱落であると、すぐにきめつけてしまいにくい理由があるのである。

誤脱の可能性

この誦文の末尾には「これを借名《かな》文字と謂ふ（謂之借名文字）」と注記されている。仮名の種類を網羅して作られた誦文だという意味であろう。そういうもののなかに、同じ価値の仮名が二度あらわれるということは、ありえない。同じ価値ということについての評価基準が問題であるが、単独に読んだ場合の発音が同じになるものを同価値と考えるとしたら、この誦文の中に含まれる仮名は、その構成原理からいって、すべて発音が違っていなければならない。ところが、o＞wo という変化がすでに完成して以後の十一世紀以降の人たちが、もとの形のままの誦文を声に出して読みあげると、つぎのように［wo］と読まれる仮名だけが、二箇所に重複してあらわれたはずなのである。

奈徒武和礼遠゜曾　natumu warewozo
安佐利於゜比由久　asari woфijuku

音韻変化という概念は、現今のわれわれにとって、一つの常識にさえなっているが、時間の経過につれて、ことばの発音に変化が起こるということがわかってきたのは、言語史研究が発達して以後のことなのである。その当時の人たちにしてみれば、これら二つの仮名の発音のしかたが、もともと違っていたのではないかというようなことには、思いも及ばなかったであろう。したがって、発音だけを基準にしてみれば、この誦文の中には、[wo] の仮名が別々の字形で二つ共存していたことになる。

第七章に述べるように、仮名を発音といちおう切り離して、もっぱら表記の手段であると考えるならば、発音以外の視覚的要因までも加わることになるので、二つの [wo] が「借名文字」としては同価値でないという判断もありえたと思われるが、誦文というのが、本来、口でとなえて覚えるためのものである以上、[wo] の重複は気になって当然である。

十一世紀以降の文献資料について見ると、これら二つの仮名の分布状態は、文献ごとにさまざまであるが、おおまかな傾向としては、o＞wo という変化の方向を反映して「オ」よりも「ヲ」の方が優勢になっている。したがって、この誦文の中で、二つの [wo] のうちのどちらかを削除しようということになれば、「於」の方がその候補に選ばれるのは自然のなりゆきであった。

不注意に基づく写し落としという可能性は、それを可能性ということだけで考えるかぎり、もとより、否定できない。しかし、そういう写し落としの起こりうる可能性は、どの仮名についてもありえたはずである。最初の仮名を写し落とすというようなことは、まず起こりえないであろうから、機械的に計算するのは困難であるにしても、それが特定の仮名について生じる確率は、二パーセントとか三パーセントとかいったところであろう。それが、音韻史のうえでもっとも問題であるところの、ほかならぬ「於」に起こっているというのは、あまりにもできすぎていないであろうか。これは「咎なくて死す」の場合のできすぎ方と、まったく違った筋あいのものである。

われわれに確実にわかっているのは『口遊』の成立が九七〇年であることと、そのただ一つの伝本であるこの真福寺本が、それから約三百年後に当たる一二六三年の写しだということとであって、その中間にどのような過程が介在したかを知るすべはない。おそらく、その期間に、数度にわたる書写を重ねていると考えるべきであろう。

右に述べたような理由から、新しくそれを書写する際に、「於」の仮名が意図的に削除されたとするならば、それは、この『口遊』の内容が、実生活のうえで直接に役立っていた時期のことであろうから、おそらく、一二六三年よりは、かなり以前のことと考えるのが自然である。真福寺本のこの部分に文字の欠落が生じているからといって、それがただちに、最後に書写した人物の所為であるとは限らないのである。真福寺本には誤写が多いから、ここもその例の一つであるという大矢透の論法は、その意味においても飛躍している。

『金光明最勝王経音義』の「乎」と「於」

「お」で表わされていた音節を［wɔ］と発音する傾向が顕著になったのは、十世紀後半からのことであったにしても、日本語の音韻体系から単独母音の［ɔ］が完全に消失してしまったのは、おそらく、十一世紀にはいってからであろう。しかし、『金光明最勝王経音義』の編纂された一〇七九年には、その音韻変化が完成していたと考えてよい。

この音義の序文によると、「新学少者」、すなわち新しい学問を学んだ若い世代の人たちが、和音の学習に苦労しているので、これを編纂したということである。この表現から推察すると、編纂者はある程度の高齢者であったと考えられるが、そうであっても、言語習得期には、すでに音韻体系の中に［ɔ］がなかったはずである。

この音義の編纂者は、以呂波を、拠るべき軌範として提示したが、その中には、自分自身で発音を区別できないひと組の仮名が含まれていた。彼は、どうしてその一方を削除しなかったのであろうか。どのみち、韻律を崩して七字単位に区切ってしまうのなら、

良牟有為能久耶／万計不己衣天阿／佐伎喩女美之恵／比毛勢須

というように、そのあとを一字ずつ繰り上げればすむことであって、そのために末尾の五字が四字になったとしたところで、どうせその行は、まともに使うことのできない余りであるから、どうでもよかったはずなのである。

しかし、結果はそのような措置がとられていない。そうしなかったのは――、あるいは、そうできなかったのは――、いったい、なぜであろうか。

以呂波の成立時期は不明であるにしても、おそらく、それを作った人物は、この音義の編纂者と別人なのであろう。そして、この誦文を七字区切りにして、全体に独自の旋律を付けるというのもまた、ここに始まったものではなく、その属する学派ですでに行なわれていたのであろう。もちろん、いずれも断言のかぎりではないが――。

この誦文の作製された時期に「於」と「乎」とが発音の区別をもち、そのためにそれぞれに別の位置が与えられたとするならば、これらが同音の仮名の重出になってしまったのは、伝承の過程で音韻変化が生じたためにもたらされた新しい事態である。

ただし、作製された時期に、すでに発音のうえで合流していても、まだ仮名としては等価になっていなかったために、この誦文の中に繰り入れられたという可能性も、あながちに否定できない。いずれにせよ、この誦文をここに提示した目的が、たがいに発音のことなる仮名を組み合わせて、それに旋律を付けるというところにあったとしたら、「於」と「乎」との間には、音声的に実現された場合の、なんらかの区別の目じるしがなければならなかったはずである。

助詞「を」と「奥山」と

『金光明最勝王経音義』の和訓は、そのほとんどが、単語の形であるか、さもなければ、それに準じる形のものである。また、用言も、経典を訓読する場合の形でなしに、多くは終止形の形であげられているから、声点が加えられている和訓がいくらあっても、助詞や助動詞のアクセントまでは知ることができない。しかし、それより二十年ほどおくれて編纂された漢和字書『類聚名義抄』の和訓の中には、訓点本から抜き書きしたと思われるなまの形のものがあり、また、声点の加えられた和訓の総量もはるかに多いので、助詞や助動詞にまでも及んでいる。

『類聚名義抄』時代のアクセントと、その直接の流れを引く現代京都方言のそれとを比較してみると、高低アクセントという点で基本的に共通しているだけでなく、たとえば「おと（音）」は［●○］、「かすみ」は［●●●］というように、まったく変化していないものさえ少なくない。しかし、それは、個々の比較においていえるだけであって、全体としての特徴とか機能という面では、大きな変化が生じている。

現代語の場合、助詞や助動詞は、アクセントの面においても、文字どおり付属語であって、その上に立つ自立語とともに一つの単位を構成している。したがって、それらが、文脈にかかわらずつねに一定のアクセントを独自に持つということはない。ところが『類聚名義抄』時代には、付属語ごとに、それぞれ固有のアクセントを持っていた。助詞の「を」は、左のように、その上に立つ語と無関係に、つねに高く発音されていた。

悪　ニクミスルヲモ［○●○●●●○］〔図書寮本・二四九2〕

五者　イツツヲバ［○○○●○］〔高山寺本・四〇丁表6〕

「おくやま」という語は漢文訓読に使われないので、こういう字書に収録されていない。したがって、そのアクセントを直接に知ることはできないが、その最初の音節「お」が低かったことは、左の理由から確実に推測可能である。

現代語の場合には、東京方言を例にとると「あき（秋）」は［●○］、「あきかぜ（秋風）」は［○●○○］であって、複合語を形成すると、もとになった語のアクセントは保存されない。しかし『類聚名義抄』時代の日本語では、語Aが低く始まれば複合語ABも低く始まり、語Aが高く始まれば複合語ABも高く始まるという関係が顕著に存在した。これもまた金田一春彦による発見である。例外もないわけではないが、一つの法則的な事実であるといってよい。したがって、つぎの例を根拠として、「おくやま」の語頭音節「お」は低かったものと推定される。

奥　オク［○○］　〔観智院本・仏下末・三五〕

以上の結果を総合するならば、韻律を生かして以呂波を読んだ場合、「ちりぬるを」の「を」は［●］であり、また「うゐのおくやま」の「お」は［○］であったことが確実に推定できる。このことは、第六章から第七章にかけての考察にとって特に重要であるから、記憶にとどめておきたい。

日本語を普通に話しているだけなら、アクセントがどうなっているかというようなことは、ほとんど意識にのぼらないであろうが、この以呂波の場合には、旋律を施すことを目的にして七字区切りにしたのであるから、右のような違いを見のがすはずはない。もとの歌意を殺して、独自の旋律を作り出す際にも、「乎」は〈高い wo〉として、また「於」は〈低い wo〉として、位置づけられたために、大字の選び方もそのとおりになっているのである。

ただし、右のような根拠から、別々の仮名と認めたといっても、それらの関係を、たとえば「以」と「呂」との関係と同じであると見なしたはずだというわけではない。「乎」の方には、他の項なみに小字を添えながら、「於」の方に小字を添えていないのは、それによって、両者の間の格差を表わしている。すなわち、[wo]を代表する主たる仮名は「乎」の方であって、「於」は副次的・従属的地位にあることが、小字の有無によって示されているのである。

この場合、どちらが主で、どちらが従であるかという判断は、くじ引きの原理でなされているわけではなく、当時における実際の使われ方に基づいているから、大為尓の場合とちょうど一致しているのも偶然ではない。

阿女都千保之曾里

ここでまた大為尓にもどって、もう少し考えを進めてみよう。誦文のあとにつぎのような注記が加えられている。「今案ずるに」ということわりは、それが源為憲自身の意見であることを意味している。

今案　世俗誦曰阿女都千保之曾里女之訛説也　此誦為勝

たったこれだけの長さであるし、こみ入った構文でもないのに、いざ、これを源為憲によって意図されたとおりの意味で訓読しようということになると、はたと迷わざるをえない。それは、どの文字が漢字としての本来の意味を持ち、また、どの文字がそういう意味から切り離されて、日本語の音節を表わすために表音的に用いられているのかということが、ここではなかなか判別しにくいからである。すなわち、ここは、

今案《ズルニ》、世俗誦《シテ》曰《フ》二(A)《ト》一(B)之訛説也

という単純な構文であるにもかかわらず、いったい、どの文字までがAに相当する部分であり、どの文字からBに相当する部分であるかの判断が、どうにも付けにくいということなのである。

世俗誦シテ曰フ二阿女都千ト一保レツハ之ヲ曾《カツテ》里女之訛説也……………………(1)
世俗誦シテ曰フ二阿女都千保之ト一、曾《カツテハ》里女之訛説也……………………(2)
世俗誦シテ曰フ二阿女都千保之曾ト一、里女之訛説也……………………(3)
世俗誦シテ曰フ二阿女都千保之曾里ト一、女之訛説也……………………(4)

「曾」の字には、(1)・(2)の場合、ほかの読み方も考えられるが、問題は同じことなので、ひとまず「カツテ」としておく。

これを見ればわかるとおり、どこから上に返るかによって、その下の部分の読み方もかわってくる。そのどれをとってみても、つぎのように、ひととおり意味がとおるので始末が悪い。

これをこの形のまま誦しているのは、以前には、いなかの女の間違った言い方であった。……………………(1)
以前には、これがいなかの女の間違った言い方であった。……………………(2)
これは、いなかの女の間違った言い方である。……………………(3)

これは、女の間違った言い方である。……………………(4)

「女」よりも「里女」の方が、なんとなく落ちつきがよいようでもあるが、さりとて「女」では通じないとか、いちじるしく不自然だというわけでもないから、その読み方を排除すべき積極的な理由はない。この文脈でいうならば「里女」という表現をとったところで、それは、文字どおりの「里女」ではなく、まるでいなかの女のように無学で無教養な人たちというほどの意味であろう。その当時のいなかの女たちが、ほんとうにこういう誦文を口にしていたとは、とうてい考えられないからである。そして、そういうことであるとしたら、「里女」でなしに「女」といったところで、さして変わりがあるわけでもない。

要するに、下の方のBを固めることによって、いわば引き算の方式で、その上の方のAの部分を規定するというやり方が、この場合については当てはまらないのである。いったい、ここで源為憲が大為尓と比較しているのは、つぎのうちのどれなのであろうか。

あめつち　　天地…………(a)

あめつちほし　天地星…………(b)
あめつちほしそ　天地星そ…………(c)
あめつちほしそり　天地星そり……(d)

だいたいの感じとして、(a)・(b)ならどちらでも成りたちそうに見えるし、(c)・(d)ではどちらも成り立ちそうにない。「そ」は、いちおう助詞の「ぞ」と見ることができそうであるが、落ちつきがよくない。また、この続きで「星そり」というのも解釈に苦しまざるをえない。しかし「訛説也」としてしりぞけられている理由が、〈このままでは解釈がつかないし、また、それを正しい形に復原しようもないから〉というところにあるとしたら、(c)や(d)のように、むしろ、このままでは意味のとおりにくい方を当てはめて、この表現を理解すべきではないかとも考えられるので、結局は行き止まりになってしまう。

大矢透は、ここを、あたかもそれが当然であるかのように(c)の文脈として読んでいる。どちらにころんでも大差はないと判断したためであろうか、あるいは、ほかの読み方もありうることに気づかなかったためであろうか。

一般的にいって、一つの言いまわしが——、といっても、ここでは、もっぱら書かれた形についてのことであるが——、二重三重の意味に理解できるとしたら、それがことばの技巧として最初から意図された表現でない限り、いわゆる悪文と見なさざるをえない。では、源為憲のこの書き方は明晰さを欠いた悪文の典型なのであろうか。もし、ここに、たとえば「則」とか「即」とかいうような真仮名としてはその文字を用いない漢文の接続詞が使われていさえしたら、それだけで、われわれは右のような迷いから救われているはずである。

しかし、実際には『口遊』のこの表現は、このままで十二分に明晰なのである。というよりも、それが書かれた時期には明晰だったというべきであろう。それは「あめつちほし」であろうと「あめつちほしそり」であろうと、ともかくそういう形の誦文が、現実に世上に流布していたのであるから、当時の人たちがこの文を読めば、どこまでがその誦文の引用であるのかは、ただちに明らかだったはずだからである。

もちろん、たいていの人たちは、その誦文を最後の一字までよく知っていたに違いない。したがってまた、「訛説也」というこの評価が、そこに引用された最初の部分にもすでに当てはまるものであるのか、あるいは、この誦文のずっとうしろの方の、ある特定の部分について言ったものなのかというようなことも、すぐにわかったのであろう。われわれは、ここの「訛説也」という表現だけを唯一の根拠として、「あめつちほしそ」とか「あめつちほしそり」とかいうように、ここを読もうとしない方がよい。

この誦文がすでに行なわれていない現在、右の文字面だけを手がかりにして考えてみても、確実なことはなにも言えない。われわれにとって必要なのは、この誦文自体を、ないし、この誦文についての記載を、他の文献資料の中にさがしてみることである。

大為尓と以呂波との関係

いま、そちらに目を移す前に、この大為尓について、もう一つのことを考えておこう。それは、以呂波との先後関係である。

「安佐利比由久」の部分に「於」を補入して「安佐利於比由久」とし、それがもとの形であったと見なすことにするならば、この誦文の字母の種類は以呂波とちょうど一致して、ともに四十七字ということになるし、

先可ㇾ知㆓所ㇾ付借字㆒………以呂波
謂㆓之借名文字㆒……………大為尓

というそれぞれの文献に見える注記は、表現こそ違っていても、これらの誦文が真仮名を網羅したものであることを意味しているから、その点で基本的に共通しているといってよい。一方は七字ずつの区切りで、全体に声点が加えられており、他方は切れ目なしに書かれているという大きな違いがあるが、それについては別に考えることにして、右の共通性をもとにこれら二つの誦文を比較してみよう。

まず、韻文としての構成を見ると、大為尓は五七の四句を連ねたもので、これは伝統的な韻律の形式に手を加えて作られている。すなわち、短歌にせよ長歌にせよ、五七の連続のあとに七を加えておさまりを付けた形になっているのに対し、この誦文では最後の七がなく、いわば尻切れとんぼの長歌のような形になっているのである。しかしその反面、五七の偶数単位の連続になっているために対称性が生じ、均斉がとれていることも見のがせない。

この五七の単位を逆に七五にすると以呂波のような今様体ができあがる。その意味で、以呂波は、大為尓の形式をほんの少しひねっただけにすぎないとも言えそうであるが、旋頭歌のようなものまで含めても、それまでの和歌は五音の句で始まるときまったようなものであったから、これが非常に斬新な印象を与えたことは当然であって、「今様」と呼ばれたこともよく理解できる。したがって、伝統的な韻文の韻律構成から今様のそれへという展開の過程は、その中間に大為尓の形式を置いて考えるとわかりやすい。——ということは、とりもなおさず、大為尓の方が以呂波に先行するであろうという推定に結び付くことになる。

韻文としての大為尓と以呂波との内容を比較するならば、その優劣はだれの目にも明らかである。もし、一方が他方をもとにして組み変えたものであるとしたら、以呂波から大為尓という方向は、絶対にといってよいほどありえない。もちろん、それら二つの誦文の間に直接の系譜関係があるかどうかはわからないが、源為憲が以呂波を知らなかったことは、ほぼ確実といってよいであろう。

かれが、なぜ以呂波を知らなかったのか。それはまだできていなかったからだというのが、もっとも普通の考え方である。ただし、それに対して、『口遊』の成立した九七〇年当時、すでに以呂波はできていたが、狭い範囲にしか行なわれていなかったために、源為憲はその存在を知らなかったのであろうという推定もなされている。しかし、右のような韻律構成の発達の問題もあるので、この考え方には、支持しにくいところがある。

こういうわけで、二つの誦文の相対的な先後関係については、一つの推定をくだすことが可能であっても、それを時間軸の上に定位して、いつごろということまではなかなか言いにくい。その内容を詳しく検討してみると、大為尓にせよ以呂波にせよ、ほんとうにそれらの原形が四十七字であったのかどうかということについてさえ、重大な疑問が生じてくるのである。そのことについては、第五章にあらためて取り上げることにする。それまで、大為尓についての考察は、ひとまず中断することにしよう。

解読作業

大矢透による大為尓の処理は慎重さを欠いており、また、重要な点で飛躍を含んでいるというのが、忌憚のない評価である。しかし、それに関しては、ぜひ、ことばを加えておかなければならないことがある。

われわれは、かれが安易に「於」を補入して、「安佐利於比由久」とした点について、方法のうえから批判したが、実のところ、その位置にこの仮名を補入するというのは、それほど容易なことではない。その困難さは、自分で独自に解読しようとしてみればよくわかる。あるいは、みずから解読の努力をしてみなければわからない、というべきかもしれない。

われわれはすでに大矢透の解読文を知ってしまったので、写真版であらためてそれを読みなおそうとしても、まず、最初の句を「たゐにいで」と切ってしまうが、大矢透にしてみれば、この誦文が五七調の構成であることさえも知らなかったのである。「あさりひゆく」という句切れを見いだしてこそ、はじめてその部分に「於」の誤脱があるということも言えるのであって、そこまでゆくことが、そもそも難しい。途中で切れ目がわからなくなったらどうにもならない。この誦文の最後の句は六字になっているので、うしろの方から、五字または七字を単位として区切ってみるという試みも功を奏しない。もちろん、いちおう区切りだけは付けてみたところで、「たゐにいで」の意味は、「田居」という語の存在を知らなければ、見当がつかない。

たとえば、つぎにあげるのは、『古事記』(下巻)に見える歌謡の一つであるが、このように表記された形を読みとくのは、たいへん難しい。

都藝泥布夜麻志呂売能許久波母知宇知斯淤富泥泥士漏能斯漏多陀牟岐麻迦受祁婆許曾斯良受登母伊波米

全部で四十六字であるから、長さは大為尓とさして変わりがない。この最初の句を

「つぎねふや」と読んだら、もうあとは五里霧中になってしまう。ちなみに、解読の結果は、つぎに示すとおりである。

つぎねふ（＝枕詞）山代女《やましろめ》の　木鍬《こくは》持ち　打ちし大根《おほね》　根白の白腕《しろただむき》　枕《ま》かずけばこそ　知らずとも言はめ

要するに、いま、われわれが、はじめてこの誦文の原文を見せられたとしたら、大矢透と同じような飛躍をしてしまうところまで到達できるかどうかさえもわからないということなのである。かれが解読作業をこの水準まで持っていってくれたおかげで、われわれはその結果を吟味し、さらに先に進むことができるのだということを銘記しておきたい。要は、先人の業績をいかに受け継ぐかというところにかかっている。

第四章　源順と阿女都千

源順と『源順集』

平安時代中期に源《みなもとの》順《したごう》（九一一～九八三）というたいへんな才人がいた。これまた才媛であった勤子内親王のもとめに応じて『和名類聚抄』という高度な内容の百科辞書を編纂したり、あるいは梨壺の五人の一人に選ばれて『後撰和歌集』の編纂と『万葉集』の解読とに従事したりしている。彼が非常に博識であったことは、たとえば『和名類聚抄』の最初の項目を見ただけでも、その一端を知ることができる。

日　造天地經云、佛令二寶應菩薩造レ日

造天地経に曰く、仏、宝応菩薩をして日を造らしむ

この時代の辞書というのは、編纂者が自分で説明を考えるのではなく、中国の諸典籍の中から適切な文言を抄出して引用するという方式をとっている。たとえば、この「日」という項目の場合なら、『釈名』の「日《じつ》は実《じつ》也、光明盛実也」といったようなお

となしい説明がいくらでも見いだせたはずである。しかし、勤子内親王が源順に求めたのは、そういう常識的な辞書ではなかった。そこでかれは『造天地経』などという、珍しい、そしていささかあやしげな経典から、こういうかわった説明を引用しているのである。相当の学識がなければ、できることではない。日常的な語に対しては気のきいた注文《ちゅうぶん》を、というこの辞書の基本的な方針からするならば、「日」に対する和名など、どうでもよいことなので、『和名類聚抄』というその書名にもかかわらず、ここにはそれが省略されている。

源順という人物は、このように豊富な知識をそなえていただけでなく、ことのほか知的な遊びを好んだようである。康保三年（九六六）に、二十種類の馬の毛色の名を題にした、きわめて風変わりな歌合を催していることなども、それを如実に物語る例の一つであろう。

源順の和歌を集めた『源順集』には、そういうかれの性格ないし性癖とでもいうべきものがよくあらわれていて、平安時代から鎌倉時代にかけての多くの私家集の中でも、ことのほか異彩を放っている。歌風というようなことは、いちおう別にして、まず目を奪われるのは「雙六《すごろく》盤の歌」および「碁盤の歌」と呼ばれる、図面の形に並べられた二つの和歌群である。

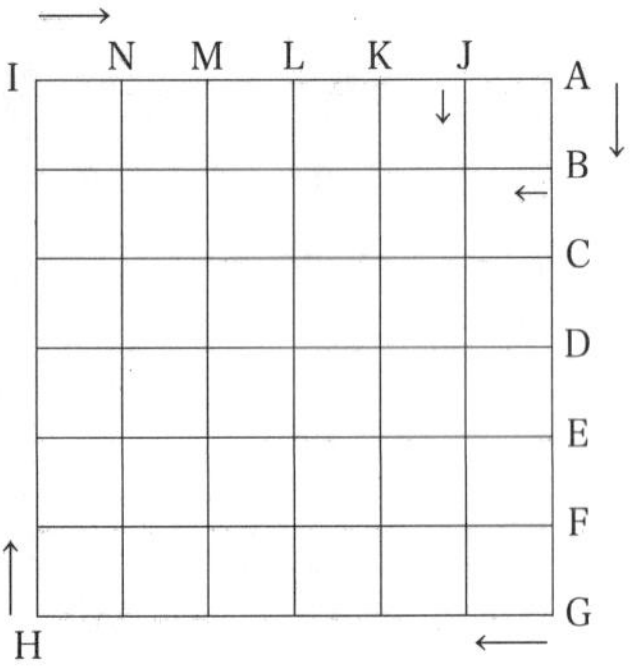

「碁盤の歌」

A　B←　C←
→**た**のみつの**ふ**か丶らす**の**み
D←　E←
見ゆる**か**なひとの**こ**丶ろの
F←　G
あ**さ**くなるさ**ま**←

（田の水の深からずのみ見ゆるかな人の心の浅くなるさま）

「碁盤の歌」の方を例にとると、これは、全体が右上の図に示すような形になっていて、それぞれの目の中に一首ずつ、合計三十六首の和歌が書きこまれている。線であらわした部分もすべて和歌で、これは縦横各七首である。

図に従って説明すると、右上のAから縦に、

たのみづのふか丶らずのみ見ゆるかな　ひとのこ丶ろのあさくなるさま

という和歌があって、右下のGに最後の「ま」の仮名が置かれている。そして、Gから左にHまで、尻取り式に「まかせてし……」という和歌があって、また、HからIへ、IからAへと尻取りが続いている。そのIからAへの和歌は「た」の仮名で終っているから、そのまま「たのみつの」へと循環するしくみになっている。B・C・D・E・Fの各点からはそれぞれ左の方に、また、J・K・L・M・Nからはそれぞれ下の方に和歌が記されており、各交点が同じ仮名を共有するしくみであるから、いわば、すべての目を埋める方式のクロスワード・パズルとでもいうべき構成になっているわけで、たいへんこったものなのである。なみ大抵のひまつぶしぐらいで、できるようなものではない。

源順と藤原有忠

『源順集』をつらぬく右のような特徴と、源順という人物の基本的な性向とをあらかじめ頭に入れたうえで、「雙六盤の歌」のすぐ前に置かれている「あめつちの歌」を見てみることにしよう。

まずその詞書を『群書類従』（和歌部・二四九）の本文に従い、読みやすいように表記を改めて示す。

あめつちの歌、四十八首。もと藤原有忠《ありただ》朝臣藤六なん詠める、返しなり。かれは上《かみ》の限《かぎ》りにその文字《もじ》をするゑたり。これは下《しも》にもするゑ、時をも分《わ》かちて詠める也。

藤原有忠という人物がいて、「あめつち」の四十八文字を、それぞれ和歌のはじめに置いたものを作ってよこしたが、自分は、和歌のはじめだけでなく、その最後にもそれと同じ文字を置き、しかも四十八首の和歌を四季に分けて作ったというのである。「雙六盤の歌」の方にも、「これも、有忠よみはじめたるに詠み継ぐ」という詞書が添えられているところを見ると、どうやら源順と有忠とは、ことば遊びのうえでの知恵くらべ・技巧くらべを楽しんでいたものらしい。

「藤六」とは藤原家の六男のことであるが、ここに「藤原有忠朝臣藤六」と記されているのは、あまり普通の呼び方ではない。しかし、別の写本では「藤原の有忠あざな藤あむ」（西本願寺本）とか「藤原の有忠あざなた」（御所本）というように、意味がとおりにくいものの、「あざな」という語が読み取れるので、あるいは「藤原の有忠、あざな藤六」というような形がもとになっているのかもしれない。藤原家の六男なら、だれでも「藤六」と呼ばれたわけではなく、ある特定の人物をさすと考えるのが正しいであろう。『藤六集』という私家集については、藤原輔相《すけみ》という引き当てがなされているが、ここに「藤六」がでてくることには十分の理由がある。

『藤六集』というのも、なみひととおりの家集ではない。歌の数こそ多くはないが、そのすべてが「物名《もののな》」の和歌から成っている。「物名」というのは、それ自体として和歌の素材になりにくいような語を、表面から見ただけでは普通にしか見えない和歌の中にじょうずに隠して詠んだもので、典型的なことば遊びの一つである。その一例を『藤六集』からあげてみよう（もとの形は全文が仮名表記）。

つゝみやき

わぎもこが身を投げしより　猿沢の池の堤《つつみ》や君は恋しき

魚を木の葉に包んで焼いた「包み焼き」などというものは、高雅な和歌の素材になるはずもないが、采女《うねめ》が身を投げたという、奈良の猿沢の池にまつわる伝説を主題とした和歌の中に、それがたくみに詠みこまれている。こういうことをする人物なら、源順の競争相手として、まさにうってつけと考えられたということなのであろう。

あめつちの歌、四十八首

『源順集』の「あめつちの歌、四十八首」とは、つぎに示すようなものである。これも、伝本によって、あちこちに違いはあるが、ここでは、もっぱらその構成原理だけが問題であり、その点に関しては、どの伝本によっても同じことなので、これも『群書類従』に基づき、明らかな誤りは訂正して示すことにする。

春

1 **あ**らさじと打ち返すらし　を山田の苗代水にぬれて作る**あ**
2 **め**も遥《はる》に雪間も青くなりにけり　今こそ野辺に若菜摘みて**め**
3 **つ**くば山　咲ける桜の匂ひをば　入りて折らねどよそながら見**つ**
4 **ち**ぐさにもほころぶ花の繁きかな　いづら青柳　縫ひし糸す**ぢ**
5 **ほ**のぼのと明石の浜を見渡せば　春の波分け　出づる舟の**ほ**
6 **し**づくさへ梅の花笠しるきかな　雨にぬれじときてや隠れ**し**
7 **そ**ら寒み　掬《むす》びし氷うちとけて　今や行くらむ春のたのみ**ぞ**
8 **ら**にも枯れ菊も枯れにし冬の野の　もえにけるかな　を山田のは**ら**

夏

9　やまも野も夏草茂くなりにけり　などか未《まだ》しき宿のかるかや
10　まつ人も見えぬは夏も白雪や　なほふりしける越《こし》のしらやま
11　かた恋に身を焼きつつも　夏虫のあはれわびしき物を思ふか
12　はつかにも思ひかけては　木棉《ゆふ》だすき　賀茂の川波立ちよらじやは
13　みをつめば物思ふらし　ほととぎす　鳴きのみまどふ五月雨《さみだれ》のやみ
14　ねを深み　まだあらはれぬ　菖蒲草《あやめぐさ》　人のこひぢにえこそ離れね
15　たれにより祈る瀬々にもあらなくに　浅くいひなせ　大麻に　はた
16　には見れば　八百蓼《やほたでお》生ひて枯れにけり　辛《から》くしてだに君が訪《と》はぬに

秋

17　くれ竹の夜寒に今やなりぬとや　かりそめ臥《ふ》しに衣かた敷く
18　もがみ川　稲舟《いなぶね》のみは通はずて　下《お》り上《のぼ》りなほ騒ぐ葦がも
19　きのふこそ行きて見ぬほど　いつの間《ま》にうつろひぬらむ　野辺の秋はぎ
20　りうたうも名のみなりけり　秋の野の千草の花の香には劣れり
21　むすびおきて白露を見るものならば　夜光るてふ玉もなにせむ
22　ろもかぢも舟も通はぬ天の河　七夕《たなばた》わたるほどやいくひろ
23　この葉のみ降りしく秋は道をなみ　渡りぞわぶる山川のそこ

24　**け**さ見ればうつろひにけり　をみなへし　我にまかせて秋ははや行**け**

冬

25　**ひ**を寒み氷もとけぬ池水や　上はつれなく深き我がこ**ひ**

26　**と**へと言ひし人はありやと　雪分けて尋ね来つるぞ　三輪の山も**と**

27　**い**づことも　いさや白波立ちぬれば　下なる草にかける蜘蛛の**い**

28　**ぬ**るごとに衣をかへす冬の夜の夢にだにやは君が見え来《こ》**ぬ**

29　**う**ちわたし　待つ網代木に糸氷魚《ひを》の絶えて寄らぬはなぞや　心**う**

30　**へ**みゆみの春にもあらで散る花は　雪かと山に入る人に問**へ**

31　**す**みがまの燃えこそまされ　冬寒み　一人おき火の夜は寝《い》も寝**ず**

32　**ゑ**こひする君がはし鷹　霜枯れの野にな放ちそ　早く手に据**ゑ**

思

33　**ゆ**ふされればいとどわびしき大井川　篝火なれや　消えかへり燃**ゆ**

34　**わ**すれずもおもほゆるかな　朝な朝な　しか黒髪の寝くたれのた**わ**

35　**さ**さがにの寝《い》をだに安く寝ぬころは　夢にも君にあひ見ぬが憂**さ**

36　**る**り草の葉に置く露の玉をさへ　物思ふ時は涙とぞ見**る**

37　**お**もひをも恋をもせじのみそぎすと　人形《ひとかた》ならで　はてはてはし**お**

38　ふく風につけても人を思ふかな　天つ空にもありやとぞおもふ
39　せは淵に五月雨川《さみだれがは》のなりゆけば　身をさへ海に思ひこそませ
40　よしの川　底の岩波いはでのみ　苦しや人を立ちゐ恋ふるよ

恋

41　えも言はで恋ひのみまさる我が身かな　いつとや岩に生《お》ふる松がえ
42　のこりなく落つる涙はつゆけきを　いづら結びし草むらのしの
43　えも堰《せ》かぬ涙の川のはてはてや　しひて恋しき山は筑波え
44　をぐら山おぼつかなくもあひ見ぬか　鳴く鹿ばかり恋しきものを
45　なきたむる涙は袖に満つ潮の　ひる間《ま》にだにもあひ見てしがな
46　れふしにもあらぬ我こそ　逢ふことをともしの松の燃え焦がれぬれ
47　ゐても恋ひ臥《ふ》しても恋ふるかひもなく　かげあさましく見ゆる山のゐ
48　てる月も漏るる板間のあはぬ夜は　ぬれこそまされ　かへす衣《ころも》で

ラ行音節に始まる和歌

有忠の作った四十八首は残されていないので、具体的にどういうものであったかわからないが、だれにでも作れるというものなら、わざわざ源順のところにそれをよこしたはずはないから、和歌としての巧拙とは別に、これを作るには、ことばづかいのうえで特別の工夫を必要とするところがあったと考えなければならない。

和歌の用語は原則として和語に限られる。ところが、和語にはラ行音節で始まることばがない。それをなんとか上手に処理しなければ、この企てを放棄しなければならないことになる。

もし、ラ行音節に始まる和語が見いだせないという事実を知っている読者がいるとしたら、おそらく、それは知識として獲得したものであろう。日本語を自由に話していても、そういうことには、なかなか気づかないものである。有忠にしてみても、そういう困難が立ちふさがっていることを、あらかじめ十分に計算に入れたうえで取りかかったわけではなく、実際に作り始めてから——、すなわち「あ」「め」「つ」「ち」「ほ」「し」「そ」と作って、そのつぎの「ら」のところまで来て——、その難しさがよくわかったということなのであろう。有忠は、はたして、どういうことばをそこに置いたのであろうか。わざくらべということからいって、源順としては、すでに有忠が使っていることばを自分も使うようなことができるはずもない。したがって、それは、つぎの五つの語以外のものであったと考えられる。

らに（蘭）　りうたう（龍胆）　ろ（櫓）　るりくさ（瑠璃草）　れふし（猟師）

漢語を自由に使ってよいのなら、きわめて豊富な語彙の中から選択することが可能であったが、これらの語を見てみると、和歌の中にそれを詠みこんで、できる限り抵抗の少ないものを、という努力がよくうかがいとれる。

「らに」「りうたう（りうたむ）」は、和歌の用語でこそないが、『古今和歌集』の物名歌の題になっているところからみて、当時、すでに日常語化していたものと推測される。現代語でも漢語の形で「ラン」「リンドウ」と呼ばれていることは、その一つの傍証となりうるであろう。「れふし」は、早くから漢字を離れて、日本語の中にとけこんでいる。漢字を離れたばかりに、鳥獣だけでなく、魚をとる職業にも拡大され、「漁業《ぎょ》」に従事する「漁師《りょうし》」までができ上がっている。「ろ」も漢語として導入された。少しあとの証拠になるが、それが、すっかり日本語になじんでしまっていたことは、『平家物語』（巻十一）に、和語の形態素と熟合した「さかろ（逆櫓）」という語形が見えていることからも明らかである。「るり草」について、それらと同様の裏付けを求めるのは困難であるが、「草《くさ》」という和語との熟合は、やはり、日本語への同化の事実を示している。

ア行音に終る和歌

源順は有忠からの挑戦を受けて立った。かれとしては、さらに高度の技巧をこらして返歌を作らなければならない。有忠が和歌の最初の字だけにそれらの仮名を使ったのなら、自分は最後の字もそれでそろえ、さらに部立てまでしてみようということにした。しかし、そういう制約を設けたことによって、かれは、あらたな困難を克服しなければならなくなったのである。まず、1の「あ」の和歌を見てみよう。

あらさじと打ち返すらし　を山田の苗代水にぬれて作るあ

日本語は、一語の中に母音の連続を含まないという特徴を持っているから、母音音節は形態素の最初にしか立たない。また、母音音節に始まる形態素が下にくる結合では、その上の形態素の末尾にある母音と連続するが、その場合も、二つの母音を一つに融合させて中間の母音にしたり、一方を脱落させてしまったりして、結局、母音連続は残らない。すなわち「我が妹《いも》」は「わぎも」に、「荒磯《あらいそ》」は「ありそ」に、という形で安定する。したがって、和歌の末尾に「あ」を置こうとすれば、一音節語の

「あ」しかありえなかったのである。

たしかに、古い日本語には、いくつかの「あ」という語があった。代名詞の「吾」、「足」の意の「あ」、それに、田の「畔《あぜ》」の意の「あ」などである。ところが、前章において「田居」「藻葉」について述べたような理由によって、二つあった名詞の「あ」は、それぞれ「あし」「あぜ」に姿を変えてしまい、また、代名詞の「あ」も使われなくなっていた。したがって、源順にとって、ためらいなく使うことのできる「あ」は、なかったと思われる。そういう状態の中にあって、わずかに見いだしえたのは「あぜ」の意の「あ」であった。すでに「あぜ」の方が優勢になっていたが、まだ廃語にまではなっていなかったのである。

そこで、この語を和歌の末尾にすえることにして、つぎに待っていたのは「時をも分かちて詠めるなり」という制約であった。そのために、源順はこの和歌を春の主題で作らなければならなかった。「あ（畔）」で終り、そして語頭に「あ」の立つ語を最初に置いた春の和歌というように、いくつかの条件が重なってくると、右から左にできるものではない。それをたくみにこなしたのが、すなわち、この「あらさじと」の和歌なのである。

この調子でなんとかほかもたいていは乗り切ったが、どうにもならなかったのが、

37番の「お」だったらしい。「人形《ひとかた》ならで　はてはてはしお」などという意味は見当もつかない。他の伝本では「祓《はら》へてはおお」「はてはてはおお」などとなっているが、いずれも常識的には解釈不能である。あえて押し切るなら、感動詞の「おお」ということにせざるをえないであろう。

この「あめつちの歌、四十八首」を作るのに、どういう点でどれだけ苦労したかを源順は書いていないから、この詞書も、ただ漫然と読みすごしてしまいがちであるが、右のように考えてみれば、「これは下《しも》にもするゑ、時をも分かちて詠めるなり」という制約の重みがよく理解できる。ラ行音節が語頭に立たないとか、あるいは、母音連続を回避するとかいう、日本語を支配する固有の法則が、こういうところに、こういう形で立ちはだかっているのがおもしろい。源順の試みは、いわば、日本語を支配する音韻法則への挑戦だったのである。

十一世紀の女流歌人相模《さがみ》の家集『相模集』には、「天地をかみしもにて」詠んだ十二首が収められている。『源順集』の場合と違って「かみしもにて」といっても、この方は、つぎの例のように「あ」で始まって「め」で終るという方式である。

あさみどり春めづらしく　ひとしほに花の色ます　くれなゐのあ**め**

つきもせぬ子《ね》の日の千代を　君がためまづ引きつれむ　春の山みち

これらの和歌もまた、季節で区分されているが、

あめ・つち・ほし・そら………春　むろ・こけ・えの・えを………冬
やま・かけ・みね・たに………夏

となっていて「秋」がなく、誦文の途中と末尾とが欠けている。ことに「冬」はいささか奇妙な形であり、なにか理由があるのかもしれないが、よくわからない。「冬」がこういう組み合わせになっているところを見ると、出来ばえのよいものだけを残したということではないらしい。

この方式によるならば、全部つくっても半分の二十四首であるし、季節に分けるところに多少の工夫が必要だったにせよ、一音節語を上と下とに分けただけであるから、語頭のラ行音節とかア行の一音節語とかいうことにいっさい悩まされることがないので、源順の作に比して、用語の選択は、はるかに自由であった。

阿女都千の誦文

『源順集』の「あめつちの歌、四十八首」の、その上下に配された仮名を並べてみると、全体でつぎの誦文ができあがる。

春　あめ　つち　ほし　そら　　冬　ひと　いぬ　うへ　すゑ
夏　やま　かは　みね　たに　　思　ゆわ　さる　おふせよ
秋　くも　きり　むろ　こけ　　恋　えのえをなれゐて

源為憲が「世俗誦曰阿女都千保之曾里女之訛説也」といっているのは、まさにこの誦文をさしてのことに相違ない。

二音節名詞を組み合わせた調子のよい続きが、四行目で乱れを見せはじめ、うしろの二行にくると、急におかしくなっている。大矢透は、この部分について、一貫した意味にはならないが、一語一語を切り離せば格別の支障もないとして、つぎの解釈を与えている。

硫黄《ゆわ》　猿　生育《おふ》せよ　榎《え》の枝《え》を　慣れ居て

『和名類聚抄』の「硫黄」の項に「和名、由乃阿和、俗云、由王」とあるので、「ゆわ」とは「硫黄」のことだという。『由王』は「ユワウ」なので語形が完全には一致せず、不安がないでもない。ちなみに、現代語で「硫酸」「硫化物」などというときには「リュウ」と読みながら、「硫黄」を「イオウ」といっているのは、これがたいへん古く日本語に導入された語であるために、ラ行音を語頭に立てにくく、このように変形され、そのまま今日に伝わったためであるというのが、亀井孝の考えである。この辞書が編纂された十世紀には、すでに日本字音の体系が成立しており、「硫」は「リウ」になっていたので、伝統的な「ユワウ」という語形は「俗」、すなわち、なまった漢語形として位置づけられているのに対し、この「ユワウ」を「湯の泡」という構成に分析した新しい語形が、『和名類聚抄』に「和名」、すなわち正統な和語として収録されている。源順による造語の可能性も考えられる。こういう語源解釈は、民間語源・語源俗解（独：Volksetymologie《フォルクスエティーモロギー》）と呼ばれている。

「硫黄」と「猿」との取り合わせは奇妙であるが、ともに山のものということで、無理に説明できないこともない。しかし、二音節名詞の組み合わせという構成原理が、「生育《おふ》せよ」で急にくずれてしまっていることは確かである。「えのえをなれゐて」

も、やはり、二音節名詞の連続としては解釈できない。

「おふせよ」以下の十二の仮名の組み合わせで、もはや二音節名詞は一つも作れないかといえば、そうでもない。たとえば「ふえ（笛）」「ふな（鮒）」「をの（斧）」「えな（胞衣）」というような語を簡単に見いだすことができる。それにもかかわらず、この誦文の作者がその努力を途中で放棄していることには、なにか理由があると考えるべきであろう。

末尾の十二字

源為憲は、この誦文を、無教養な人たちによって乱された形であると判断した。乱された形であるならば、それをなんとかして正しい形に復原してみようということになるが、どのように仮名を置きかえてみたところで、最後まで二音節名詞でとおすのは絶望的のように見える。為憲がどのように考えようと、このうしろの部分の十二字が、最初、二音節名詞の連続であったなどということは、とうていありえない。

ところで、「おふせよ／えのえを／なれゐて」というこの部分を口に出してみると、もちろん意味は通じないが、なんとなく日本語らしい響きを帯びているように感じられる。「ふおよせ／のえをえ／れなてゐ」とか「よせふお／をえのえ／てゐれな」

とかというようになっていたとしたら、まったくの呪文でしかありえないであろう。

A-wa B-no C-na D-o E-ni F-ru……(1)

A B-ly C-ed D's E-s in F. …………(2)

これら二つの文は、どちらも、なんのことかわからない点で共通しているが、明らかに(1)は日本語であり、(2)は英語である。伝達可能性がゼロであっても、それぞれの言語としての文法性（grammaticalness）は完全だからである。「おふせよ／えのえを／なれゐて」というのも、これとちょうど同じことであって、「よ」「の」「を」「て」などは、助詞としての機能を持たせて使われていると見なしてよいであろう。

阿女都千の製作者が、もし、たとえば、「ゆわさる／をのふえ／……」というように、最初からの構成原理をその限界まで押し通したとしたら、あとに残された仮名の一群を、なんらかの秩序のもとに排列することは不可能であった。そこで、かれは「ゆわさる」というところで見切りを付けて、それ以上に深追いをせず、残された十二の仮名を、いかにも日本語らしい響きでまとめたということではないであろうか。もとより、だれかがそれに自由な解釈を与えたとしても、その解釈を拒否するつもりはなかったであろう。

大矢透は、その見せかけの文法性に導かれて——、あるいは幻惑されて——、「生《お》育《ふ》せよ／榎の枝を／慣れ居て」という解釈に到達したが、それで製作者の真意に迫りえたかどうかは、はなはだ心もとない。

「負ふ／為よ／良箆《えの》／愛男《えを》／汝《なれ》／偃《ゐて》」という改訂案が中田祝夫によって提出され、馬淵和夫は「良箆」がやや難しいからという理由で「江野」とし、さらに「ゐて」に「率て」が当てられる可能性を示唆しているが、これらもまた、右に述べた筆者の見解とは基本的なとらえ方において一致しない。

二つの「え」

大為尓にも以呂波にも、同じ価値の仮名は一度ずつしか使用されていなかった。ところが、この阿女都千では、それらと同一の原理で構成されていることが確実であると見えるにもかかわらず、41と43とに「え」の仮名が二度あらわれている。「えも言はで」「えも堰《せ》かぬ」は同じ語法であるから、これらの「え」の間に発音上の違いがあるはずはない。源順にとって、これらが、同じ価値の仮名の重出として理解されていたことは疑いない。ただし、これについては、歴史的な説明が可能である。

五十音図では、ア行とヤ行とに「エ」が重出している。しかし、ほぼ九世紀末から十世紀初頭にかけてのころまでは、ア行の方は［e］、ヤ行の方は［je］と発音されており、たがいに区別されていたことがわかっている。もちろん、年齢差などがあるので、これも、いつから合流したということは、なかなか言いにくいが、その前後の時期にe>jeという変化が生じ、［e］が日本語の音韻体系から姿を消した。［e］と［je］とは片仮名でも平仮名でも区別がつけにくいので、それぞれの代表的な字母をとって「衣」および「江」で表わす約束になっている。たとえば、「榎の枝を」は「衣の江を」に相当する。言いそえるなら、現在の平仮名の「え」はア行の「衣」の字母に、また、片仮名の「エ」はヤ行の「江」の字母に由来している。

阿女都千の中に、本来は同じ価値の仮名が重出していないとするならば――、そして、この仮定は十分に正当と思われるので――、この誦文の成立時期は、おそらく、九世紀にさかのぼるものと考えられる。もちろん、発音の区別が失われても、表記としてこれら二つの仮名が書き分けられていたのではないかという可能性についても検討してみなければならないが、事実として、そういうことはなかったと見なしてよさそうである。まだ、その当時は、発音と表記との対応関係が単純であって、そのために、仮名づかいについての意識のようなものが芽生えていなかったと考えられる。

誦文の原点

以呂波から大為尓に、そして阿女都千にとさかのぼってきたが、どうやらこのあたりがその原点であるか、そうでなくとも原点にきわめて近いところらしい。だれかが、いきなり阿女都千を作り、それがそのまま伝えられたと見るよりも、それと同じようないくつかの試みがあって、その中から阿女都千が生き残ったと見る方が自然であるが、生存競争にやぶれたものは、文献のうえにその痕跡をとどめていない。

われわれは、以呂波についていだいた――、そして、未解決のままにここまで持ち越してきた――、さまざまの疑問を、この阿女都千から知りうる事柄を吟味することによって、ときほぐす努力をしてみなければならない。なかでも、もっとも根本的な疑問は、この誦文が、本来、どういう目的に供するために作られたのかということである。

阿女都千と手習

阿女都千が手習の手本として書かれたということの裏付けが、大矢透によって指摘されている。それは『宇津保物語』(国譲上)の一節であって、つぎのような文脈になっている。

右大将殿からということで、色紙に書いた四巻の「手本」をとどけてきた。見ると、楷書で春の詩、草書で夏の詩、そして仮名がきの手本がある。

はじめには、男にてもあらず、女にてもあらず。あめつちそ。そのつぎに男手、放ち書きに書きて、同じ文字をさまざまにかへて書きけり。

さらにそのあとに、女手、片仮名、葦手という順で和歌の手本が続いている。

大矢透の引用した本文の方がわかりやすいがその素性が明確でないので、右には前田家本を用いた。ところで、肝腎の「あめつちそ」の部分は、伝本によって「あつめつちそ」「あつめち」「あつめてかき」「あつめかきて」など、かなりまちまちになっている。この誦文を知らない後世の人たちが、写しまちがえたり、あるいは、文意がとおりやすいように改めたりした結果であろうか。「あめつちそ」を、この誦文の最初の部分と見なして「阿女都千曾」とした『宇津保物語』の注釈書もあるが、もしそうだとすると、「あめつち／そらほし」というような続きになり、『源順集』『相模集』あるいは『口遊』などに見える形とは違ってくる。それよりも「ぞ」を助詞と見なした方がおとなしそうであるが、また、それならそれで、「ぞ」の使い方に問題がでてくるので、無条件には支持しにくい。一つの可能性としては、この「あめつちそ」という形の本文こそが後世の人の改めたものかもしれないので、論を立てるうえで都合のいい方、おもしろい方が原形であると見なして、その上に議論を積み重ねるのは危険である。

このように、本文に疑いが残るのは難点であるが、ともかく、ここに「手本」という語、そして「あめつち」という語がでてきていることは注目しなければならない。かりにそれがあとになってからの書き改めであるとしても、そのように訂正された時期に阿女都千が手習の手本として使用され、あるいは理解されていたことを意味していることは間違いない。

おもしろいことに、われわれは、ここでもまた源順にめぐりあうことになる。それは『宇津保物語』の作者として、もっとも有力な候補にあげられているのが、ほかならぬ源順だということなのである。ただし、いまの場合、その当否が直接にわれわれの考察の方向やその結果を支配するわけではない。

源順作という説が根強いことの一つの理由は、そのように考えて時期的に矛盾しないということである。内容や文体のうえから見て、この作品が十世紀中葉の成立であることは、ほぼ疑いないし、ここでは、そのことだけが大切なのである。阿女都千の製作は、さきにあげた根拠から、九世紀のことと推定されるので、すくなくともその間に数十年の開きがある。「あめつちそ」というのが正しい本文であるとしても――、すなわち、十世紀中葉にそれが「手本」として使われていたという事実があるからといって――、阿女都千が、まさにその目的に供するために作られたと、ただちに断定するのは危険である。「春の詩」「夏の詩」は、いずれも有名な漢詩であろう。阿女都千についても、この例が一つあるからといって、これを手習の手本として使う習慣が十世紀中葉に成立していたとまでは言えそうもない。「水」という漢字が運筆の練習のために適切な形を持ち、また、その目的で使われているという事実を根拠にして、この文字が運筆の練習用に作られたということはできないはずである。

手習のありかた

手習とは、字義どおり、文字の書き方の練習ということである。ただし、文字というのは組み合わせて使うものであるから、なにを綴るための練習なのかということを抜きにして、この問題を考えることはできない。阿女都千の作られた時期についていえば、それを必要としたのは、もっぱら和歌であり、また消息、すなわち、手紙であった。

まずはじめに、一つ一つの仮名をおぼえたうえで和歌を書いてみるという順序を踏まなければならないわけではない。いくつもの和歌を書いているうちに、すべての種類の仮名をひとりでにおぼえてしまうという学習過程がありうるし、むしろ、その方が実際的だということもできる。『古今和歌集』の仮名序に、つぎのような一節が見える。

難波津《なにはづ》の歌は、帝《みかど》のおほん始めなり、安積山《あさかやま》のことばは、采女《うねめ》のたはぶれより詠《よ》みて、このふた歌は、歌の父母《ちちはは》のやうにてぞ、てならふ人のはじめにもしける。

「難波津の歌」「安積山のことば」といっているのは、同じことばを言いかえただけで、どちらも和歌のことである。

なにはづに　さくやこのはな　ふゆごもり　いまはゝるべと　さくやこのはな

あさかやま　かげさへみゆる　やまのゐの　あさきこゝろを　わがおもはなくに

『源氏物語』の若紫の巻には、つぎのような場面があり、十一世紀初頭ごろ、これら二つの和歌が実際に手習に使われていた事実を知ることができる。

紫の上が光源氏から手紙をもらったが、彼女を養育している尼は、そういう手紙をもらっても返事のしようがないといって、彼女がじょうずに字が書けるようになっていないことを、

まだ、なにはづをだに、はかばかしう続け侍らざめれば、かひなくなむ

と言っている。それに対して、光源氏はふたたび手紙を書いて、

かの御放ち書きなむ、なほ見給へまほしき（＝拝見したいものです）

といい、その手紙に、つぎの和歌を添えている。

あさか山　浅くも人を思はぬに　など山の井のかけ離るらむ

これに対する尼からの返事も、やはり「あさか山」の和歌の引用になっている。

汲みそめて　悔《くや》しと聞きし山の井の　浅きながらや影を見るべき

『古今和歌集』の仮名序は和歌についての論であるから、そこに阿女都千への言及が見いだされなくとも、阿女都千が手習に用いられていなかったということはできない。しかし『宇津保物語』の方は、阿女都千のあとに、いくつかの和歌の手本を書いていながら、そこには「なにはづ」も「あさかやま」もでてこない。どうやら、阿女都千をその中に含む四巻の手本というのは、当時の社会習慣に従ったものではなく、独自の内容だったらしい。

難波津の歌でさえ、まだまともに続け書きができない、という尼のことばに対して、放ち書きが見たいものだと光源氏が言っているのは、個々の仮名をおぼえたあとで和歌を書くのではなく、和歌を書くことによって仮名をおぼえ、続け書きに進むという過程がとられていることを暗示している。

難波津の歌のように、三十一字という小さなまとまりの中に同じ句が重複していれば、学習を始める際の心理的負担が小さく、しかも、ひととおりそれらの仮名が書けるようになると、そのあとに続け書きの練習が待っているという方式は、たいへん都合がよい。安積山の歌も同じような条件をそなえているが、こちらの方は上の句と下の句とが、ともに「あさ」で始まっているので、また別の技巧を必要とする。したがって、仮名の練習から書道の基本へという訓練のために、これらはたいへんふさわしい形をもっていたわけであって、数ある和歌の中から手習歌として特に選ばれたのも、そういう理由からなのであろう。

以上の諸点を総合してみると、九世紀のうちに阿女都千が成立しているにもかかわらず、十一世紀初頭の『源氏物語』においてもなお、手習歌は「なにはづ」「あさかやま」であり、しかも阿女都千が手本として書かれたとされている『宇津保物語』の例は、本文の正しい形が「あめつらそ」であったと認めたとしても、阿女都千が、当時、手習のために一般に用いられていたことの確証となりえないことが明らかになった。

阿女都千の構成

『源順集』には、四十八首を「時をも分かちて詠めるなり」とある。したがって、このことばどおりであるならば、全体は春夏秋冬の四部で構成されていることになるが、実際には、そのあとに「思」と「恋」とが加わって六部となり、誦文の音節数が均分されて8×6＝48という構成になっている。それは、この誦文が八音節をひとまとまりとしてとなえられていたことを意味している。『宇津保物語』にでてくる、手本として書かれた阿女都千もまた、おそらくは、八字一行という形で書かれていたのであろう。

「あめ」と「つち」との二つの二音節名詞をひと組みにして「あめ＝つち」という四音節の単位を作り、それに、ちょうど同じ構成を持つ四音節の「ほし＝そら」を合わせて、八音節の「あめ＝つち＝ほし＝そら」というまとまりができあがっているから、たいへん調子がよい。最後の二行も、意味こそよくとおらないが、このリズムがそのまま続いている。「ゆわ＝さる」の部分までは二音節名詞を結び付けることによって、自然な切れ目を置き、そのあとは、日本語の文法的類型に合わせて、同じリズムを一貫させているわけで、たいへん巧妙にできていることに驚かされる。

阿女都千の背景

すべての種類の仮名を重複することなく網羅するという原理に従って作られている点で、阿女都千は大為尓および以呂波と共通しているが、一つの重要な点において、それら二つの誦文と相違している。それは、大為尓と以呂波とは、五七調と七五調という違いを持ちながらも、ともに日本の伝統的な韻律を用いて作られているのに対して、阿女都千は、八音節六行、ないしは四語（漢字で書けば四字）六行という、どちらかといえば中国風の調子によって構成されていることである。

その製作の動機を仮名書道に求めようとする一般の考え方に少なからぬ疑義があることは、さきに指摘したとおりであるが、日本の伝統的韻律に合っていないということの事実もまた、そういう考え方に対する否定的根拠の一つになるであろう。阿女都千の背後には、漢学があると考えるのが自然のようである。それについては、章を改めて述べることにしたい。

第五章　誦文の成立事情

漢字音の日本化

中国文化の導入ないし流入は、とりもなおさず、中国語との密接な接触ということでもあった。外国語として、中国語を学習する必要があったであろうし、また、日本語の音韻体系に多少とも同化させた読書音で漢籍や仏典が音読された。もちろん、それらの典籍が全体として訓読される場合にも、日本語の文脈の中におびただしい数の音読語がまじえられた。一方、読むだけでなく、漢詩文を作ることも盛んに行なわれたが、そのためには漢字音の構成や韻のふみ方の規則についての正確な知識が不可欠であった。

現在でもやはりそうであるように、日本人にとって中国語の発音は、なかなか厄介なものである。音韻体系の相違ということもその大きな一因であるが、音節構造のあり方が根本的に違っている。すなわち、一つ一つの漢字で表わされるのが原則として一つの語であり、それらがいずれも一つの音節として発音されるというところに最大の問題がある。たがいに一つの音節どうしで意味を識別しようとすると、いきおい、音節の構造が複雑にならざるをえない。河野六郎は、それをIMVF/Tという式によって表わし、それが広く行なわれるようになっている。いま「天」という文字の音tʻien^{1}を例にして示すと、左上のようになる（tʻは、いきの出る［t］の音）。

それにひきかえ、日本語の音節構造は極端に簡単で、一つの子音（Consonant）と一つの母音（Vowel）との結び付きに、高低が付随しているだけのCV/Tという形である。中国語の複雑な発音を、日本語のそれに近づけて単純化してみたところで、おのずから限界があり、とうてい、中国語の一音節としてうつし取ることは不可能である。しかし、逆にまた、三音節にまで引きのばしてしまうのも、そのもとが一音節であるだけに不自然になってしまう。すなわちtʻienは「チ」（[ti]）にも「テ」にも、そして「チエン」にもできなかったということなのである。

そこで、中国語の音節を前後の二つの部分に分け、二つの音節として日本語化する方式が定着し、その結果、二つの仮名を用いて表記できる漢字音が多くなっていった。また、一

I＝Initial consonant（頭子音）…tʻ
M＝Medial（介音）……………………i
V＝Vowel（母音）……………………e
F＝Final consonant（末子音）…n
T＝Tone（声調）……………………1*

*1・2・3・4は、それぞれ平・上・去・入の声調を表す。

字の仮名で表記される漢字音も、母音を引きのばして発音されたので、リズムのうえでそれらと同じになっていた。五十音図は、このようにして日本語に同化した漢字音を、体系的に理解するための手段として考え出されたものと推定される。ただし、現在のように5×10の図式として表わされるようになったのは、平安時代末期以降のことである。名称も、古くは「五音」と呼ばれるのが普通であって、「五十音図」というのは、ずっと新しく、江戸時代になってからの呼称である。

日本字音の声調

さて、IMVF/T のうち IMVF については、これでひとまずかたづいたことにすると、あとに残ったのはT、すなわち声調である。これがまた、日本人にとってはたいへんな難物であった。一音節語どうしで意味を明確に識別することができるためには、声調のになう機能も非常に重く、それだけに、その種類も日本語に比べると多かった。

英語やドイツ語などのような、音節の強弱によるアクセントと違い、中国語と日本語とは、音節の高低の差によるアクセントを用いており、その点において共通の基盤の上に立っていた。ただし、日常、なにげなく話している日本語について、どの語のどの音節は高く発音され、どの音節は低く発音されるかというような意識は持たない方が、言語の運用のうえからいっても、むしろ正常なありかたであるから、音節の高低について指摘されてみても、簡単にのみこめない。したがって、中国語の高低抑揚が自由に聞き分けられるようになるためには、まず、身近な日本語について、それを明確に認識できるようにするのが近道であるし、また、逆にいうならば、それすらも理解できないで、中国語の複雑なアクセントを習得することなど、とうてい無理だったということなのである。

現代日本語では、漢字音の声調をわざわざ習得する必要はない。それは、第二章に述べたとおり、すべての漢字音のアクセントを、ただ一つだけの型にしぼってしまっているからなのである。平安時代には、一つ一つの文字ごとに特定の声調が結び付き、それによってIMVFの部分が共通する漢字音を相互に区別していたので、現在とはまったく事情が別であった。

漢字音は、本来、一音節であり、声調もそれに付随していたが、日本字音が二音節化されたのにともなって、それが引きのばされることになった。すなわち、次ページに示すような形をとることになったのである。一字の仮名で表記される漢字音も、さきに述べたとおり、実際の発音においては、二字表記のそれと同じであった。

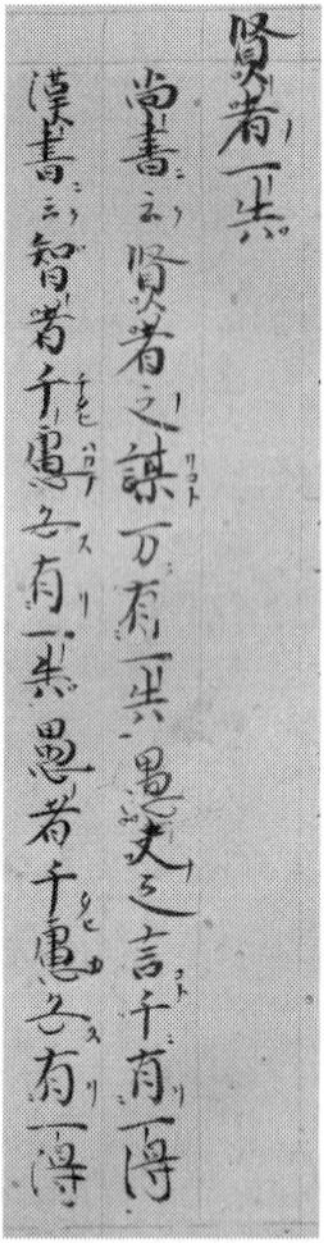

源為憲撰『世俗諺文』（観智院本）

中国の典籍に出典を持つ諺を集めたもの。その中の一項、「賢者の一失」。こういうものを訓読するにも、「賢者」「愚夫」「智者」が、それぞれ《平上》《平東》《去上》というように、本来のアクセントを守って読まれていることがわかる。「愚」の字の左下に声点が二つ並べて付けられているのは、それが低平調に、しかも濁って読まれることを示している。

平声——低平調〔○〕→〔○○〕　上声——高平調〔●〕→〔●●〕
東声——下降調〔◓〕→〔●○〕　去声——上昇調〔◒〕→〔○●〕

こういう大きなあゆみ寄りが生じたことによって、漢字音の声調が、日本語の二音節語のアクセントと対比して把握できるようになったことに注目しなければならない。入声と徳声とは、末尾に無声破裂音の -p, -t, -k をともなう点において、いくらか様相を異にしているが、高低に関していえば、徳声（入声軽）は上声と、また、入声は平声と同じであったと考えておいてよい。

阿女都千のアクセント

ここで阿女都千の果たす役割について考えてみよう。

阿女都千が一つの誦文であるとするならば、それを実際に口でとなえる際に、当然、それぞれの語にアクセントがともなっていたはずである。それをここに再現してみよう。

阿女都千が成立したと推定される九世紀の日本語のアクセントを知るための直接の手がかりは、まったく見いだすことができない。一〇七九年の『金光明最勝王経音義』や、それよりさらに四半世紀ほどくだるかと推定される『類聚名義抄』（図書寮本）などのほか、『日本書紀』の訓点本や『和名類聚抄』の和訓に、あとの時期になって加えられた声点なども利用できるが、いずれも、十一世紀以降の文献ばかりである。

しかし『古事記』の本文中、神名の表記を中心に、「大山上津見神」のような形式で記された声調の注記があり、それらを集めて解釈してみると、すくなくとも二音節名詞に関するかぎり、体系のうえでは十一世紀のアクセントと差がないと認められるので、それで考えておいてさしつかえないであろう。アクセントが変化する場合には、それぞれの型がまとまって行動するものであるから、たとえ例外が生じていたとしても、阿女都千を構成する諸語の中の、せいぜい一語か二語ぐらいのものであろうから、以下の説明にとって、実質的にそれが妨げになることはない。

たとえば「かは」および「たに」という語のアクセントは、『類聚名義抄』に、それぞれ、つぎのような標示があることによって、［●○］および［○○］であったことが知られる。

江河　下音何……和名賀波　〔図書寮本・水部〕

磎谷　公(任)云音鶏　タニ　〔図書寮本・石部〕

ここに、いちいちあげるのは省略するが、こういう根拠を総合してみると、それが成立した当時、阿女都千は、左のようなアクセントによってとなえられていたものと推定される。「おふせよ」以下は、もちろん、推定の対象にならない。

○●　○○　●●　○●

あめ　つち　ほし　そら

○○ やま	●○ かは	●● みね	○○ たに
○○ くも	●● きり	○○ むろ	○○ こけ
●○ ひと	○○ いぬ	●○ うへ	●● する
○● ゆわ	○◓ さる		

二音節名詞で、その二音節目が下降調に発音される［○◓］型のアクセントは、現在でも京阪地方を中心にそのまま保存されており、「さる」はその一つである。「あめ」についてもそれと同じアクセントを持っていた可能性がある。

たとえば「東」という字は、文字どおり東声であるから、「トウ」を［●○］というアクセントで読まなければならないが、難しいことをいわないでも、日本語の「かは」や「ひと」と同じアクセントだと教えれば、それだけですぐにわかった。「同」という字なら平声であるから、「つち」とか「やま」とか言ってみて、それらと同じ調子で「ドウ」と発音すればよい。一音節でも、去声の「佐」なら「そら」と同じというだけのことである。これなら初学者にもすぐに理解できた。いわば、字音声調早わかりとして、この誦文は、たいへん便利に使えたはずである。

漢語の声調

漢字音の声調を二音節名詞のアクセントと結び付けて理解するのは、たいへん効果的な方法であり、阿女都千がその目的のために役立ったであろうことは疑いない。しかし、ただそれだけの目的のためならば、四種の声調にそれぞれ対応する四語を用意すれば十分であって、こういう誦文までは必要としない。しかし、漢籍の読書音としての漢字音には、もう一つ、もっと大きな問題があったのである。

漢文を思い出してみればすぐにわかるとおり、中国語の文章には二字の熟語が非常に多い。それを現在はアクセントなどいっこう気にせずに読んでしまうが、平安時代には、その語が《去平》なら［○●○○］、《東上》なら［●○●●］というように読み分けなければならなかったのであるから、これはたいへんな負担である。しかし、《去平》なら「あめつち」と同じアクセントで、また《東上》なら「うへするゑ」と同じアクセントで発音すればよいとおぼえてしまえば、学習の負担がずっと軽くなる。要するにその組み合わせは、

平平　平東　平上　平去　　上平　上東　上上　上去
東平　東東　東上　東去　　去平　去東　去上　去去

という十六種類であるから、それぞれに対応する「あめ＝つち」式の組み合わせが、十六種類あればよい理窟である。そこで、阿女都千のアクセントを調べてみると、最初から順に、

去平　上去　平東　上平　平上
平平　東平　東上　去去*

となっていて、同じ組み合わせがでてこないことがわかる。右の十六種類をすべてそろえるためには、仮名の数が六十四（4×16）なければならない計算なので、たとえ「おふせよ」以下にどのような旋律を与えたところで、それは不可能であるが、この限りにおいて重複を含んでいないという事実は、右の観点にてらして、一つの重要な意味を持っている。

阿女都千を構成する語のアクセントの、このような組み合わせが、はたして、意図されたものなのか、あるいは、単なる偶然にすぎないのかは、やはり難しい問題である。しかし、つぎのような筋道を立てることは許されてよいであろう。

*「さる」の第二音節は下降調であるが、こういう組み合わせでは高平調とほぼ等価なので、この語のアクセントを、全体として去声（上昇調）と認めておく。

漢籍を学習するうえで、その正しい発音の習得は、大きな負担だったであろうが、なかでも、一つ一つの漢語について、アクセントをおぼえるのは、かなり厄介なことであった。これは確実である。そして、二音節語を二つ組み合わせると、そのアクセントは、漢語の声調と同じになる。これも、そういってよいであろう。阿女都千を構成するそれぞれの組みは、意味のとおる部分に関するかぎり、アクセントの組み合わせが——、厳密には順列が——、すべて異なっており、漢語の声調を習得するうえで便利な形になっている。そして、残りの部分については、自由に抑揚を定めることが可能であった。これもまた確実である。したがって、これは、意図的にそのように構成された結果であると見るべき蓋然性がきわめて高いと考えなければならない。

二音節名詞と漢語との対比

以呂波には、すべての種類の仮名が重複することなく網羅されている。この誦文は、どういう必要を満たすために、このような原理で構成されたのであろうか。この疑問は、以呂波から大為尓を経て、この阿女都千にいたるまで、持ち越されたままになっている。三つの誦文に共通する問題であるが、ここには、いちばん古く成立したはずの阿女都千について、この懸案の解決を考えてみよう。

漢語の声調の型に対応させて「あめ＝つち」式の組み合わせを作ると、右に見たように、全部で十六種類になるから、合計六十四個の仮名を使わなければならない。しかし、仮名は四十八種類しかないから、当然、あちこちに重複が生じることになる。それでも、いっこうにかまわない。しかし、実際にそういうものを作ってみるという段になれば、いろいろの工夫や洗練が加わるのは当然である。六十四個もの仮名を使わずに、そういう機能を十分に果たせるものが作れるとしたら、その方が望ましい。そして、これは、いかにも難問のようにみえながら、簡単に解決できる問題なのである。

あめ＝つち　○●＝○○（去平）　ほし＝そら　●●＝○●（上去）

というように、四つずつの仮名をひとまとまりにしたのでは、八箇の仮名で二種類の組み合わせしかできないが、これを一本にしてしまえば、

あめ＝つち＝ほし＝そら　○●＝○○＝●●＝○●（去＝平＝上＝去）

となって、もう一つ、つぎの新しい型を取り出すことができる。

つち＝ほし　○○＝●●　《平上》

はじめに考えついた誦文が、どういうことばの組み合わせになっていたとしても、原理的には、これとまったく同じことである。したがって、以下にも、既成の阿女都千を素材にして考えてよいであろう。このようにして、つぎの三種の組み合わせが、あらたに姿をあらわす。

かは＝みね　●○＝●●　《東上》　　いぬ＝うへ　○○＝●○　《平東》
きり＝むろ　●●＝○○　《上平》

しかし、こうして取り出してみても、「つち＝ほし」は「くも＝きり」と同じ《平上》であるし、「いぬ＝うへ」の《平東》も「やま＝かは」に一致しているということになるので、なかなか思うようには型の数が増加しない。十二字とか十六字とかをひと続きにすれば、また別な型が少しは出てくるにしても、そのように単位を長くしたのでは誦文としての形をなさなくなる。
語という単位にとらわれるかぎり、これ以上の進展は望めないが、もし、語のまとまりをくずして、音節単位にしてしまうなら、その中に含まれる型の種類は飛躍的に増加する。すなわち「あめつちほしそら」という八字の続きだけから、つぎのように、五種の型を導き出すことが可能になるのである。

あめ＝つち　○●＝○○　《去平》　　ちほ＝しそ　○●＝●○　《去東》
めつ＝ちほ　●○＝○●　《東去》　　ほし＝そら　●●＝○●　《上去》
つち＝ほし　○○＝●●　《平上》

ここに得られた《東去》《去東》は、新しい型であるが、しかし「めつ」とか「ちほ」とかいう日本語があるわけではないから、漢語の声調を和語のアクセントとの対比でとらえるという基本原則は、ここに失われることになる。しかし、一方に「あめ＝つち」「ほし＝そら」は依然として健在であり、「つち＝ほし」も、それ自体としては奇妙な結び付きであるにせよ、意味の引き当てが可能であった。こういう混質的な状態は、実際的な運用のうえで、たいへん都合が悪いから、意味を生かした「あめ＝

つち」式に統一するか、さもなければ、意味を殺した「めつ＝ちほ」式に統一するか、そのどちらかの方式をとるよりほかはない。

七字区切りの理由

漢字音のアクセントを和語のアクセントに置きかえておぼえさせるというのは、たいへん効果的である。しかし、その反面、抑揚を抽象的に把握するのを妨げることにもなる。日本語の音韻体系に同化した日本字音については、このようなやり方でひとまず間にあったにしても、もっと原音に近い漢字音による読み方が一方では学習されており、そこではこの置きかえが通用しにくい。しかし「めつちほ」とか「ちほしそ」というような切り取り方をするならば、そこで、和語との間の、あまりにも密接すぎる関係を断ち切ることが可能である。

そういうことでもう一つ先に進むと、こんどは、意味との結び付きがわずらわしくなってくるし、ひとまとまりを八字にしておく理由もなくなってしまう。この目的のためにいちばん都合のよい長さに区切って、理論的に望ましい旋律を自由に作り出せばよい。その場合、一行を偶数音節にすると、ちょうど意味の切れ目と一致してしまうから、意識のうえで和語と切り離しにくくなるし、ひと息の長さで旋律らしい旋律を作り出すことになれば、七字単位というところに落ちつくのは自然ないきおいといってよいであろう。すなわち、左上に示すような形である。

われわれは、前章において『口遊』所載の大為尓のあとに添えられた、源為憲による注記の読み方を保留しておいた。

今案　世俗誦曰阿女都千保之曾里女之訛説也　此誦為勝

どの文字から「曰」にもどってくるのかが――、すなわち、誦文の冒頭がどの文字までであるのかが――、はっきりしなかったが、以上の考察の結果からするならばつぎのように切るべきもののようである。これは、結果として、大矢透による切り方と一致する。

今案《ズルニ》世俗誦《シテ》曰《フ》二阿女都千保之曾《ト》一、里女之訛説也、此《ノ》誦《ヲ》為《ス》レ勝《スグ》レタリト

もってまわった検討の過程は、まったく徒労であって、どう

あめつちほしそ
らやまかはみね
たにくもきりむ
ろこけひといぬ
うへすゑゆわさ
るおふせよえの
えをなれゐて

せここに落ち着くぐらいなら、最初から大矢透の解読を信じておけばよかったということになりそうである。しかし、われわれは、それをあえて疑うことによって、不自然とも見える七字区切りについて、その根拠を見いだし、つぎの考察のための確実な足がかりを獲得することができたのである。

すでにわれわれは、第二章の末尾の部分において、以呂波の七字区切りが、ことばの切れ目に関係なく、自由な旋律を作り出すための工夫であり、口頭で暗誦するものであったという推定をくだしておいたが、ここにそれが裏付けられたことになる。それを阿女都千に投影して理解するならば、七字区切りの阿女都千に施されたであろうところの旋律もまた、そのありかたにおいて、以呂波のそれと共通したものであったということになる。具体的にこそわからないが、「阿女都千保之曾」に始まる七字区切りの誦文は、『金光明最勝王経音義』所載の以呂波と同じくどの行も、それぞれたがいに異なった旋律になっていたであろうということである。

重複することなく網羅された理由

ことばの抑揚についての感覚を鋭敏にし、音節相互間の高低関係を容易に把握できるようにして、漢語の声調を身に付けさせようということなら、せっかく意味を持つことばの連続として作られた誦文を持ってきて、それを破壊したりするよりも、最初から仮名のでたらめな連続を作って一行七字に区切り、それに適切な旋律を施した方がよいというのが、当然の筋になりそうである。すべての種類の仮名を重複することなく網羅する必要もない。こういう点が、依然として手習説に対する弱みとして残されているように見える。もちろん、手習説の方にも大きな弱みがあることは、すでに指摘したとおりであるが、これが説明できないと、結局は五分五分の水かけ論になりかねない。

まず、どうして文脈がなければならないのかということから考えてみよう。これは、一言にしていうならば、記憶の負担の軽減ということである。

A

へほひはふ
にねなぬの
ろらるりれ
くきこけか
……

B

あいうえおかき
くけこさしすせ
そたちつてとな
にぬねのはひふ
……

たとえば、現行の五十音図をAのように並べかえてみたらどうなるであろうか。これではとてもおぼえきれたものではないが、Bの方の組みかえなら、すでにもとの形をよく知っているという条件において、七字区切りでもう一度おぼえなおすのに、特別の努力を必要としないだけでなく、「の」の仮名はどこか、「す」の仮名はどこかということを、ただちにさし示すことができる。阿女都千や以呂波の七字区切りも、これとちょうど同じであったと考えてよい。「あめつちほしそ」という七字区切りは、「あめつち／ほしそら」に支えられていたからこそ、その機能を十全に果たすことができたのである。

右の説明は、そのまま、重複のない網羅ということの説明にもなっている。もし誦文の中に同じ仮名が重複して含まれていたとしたら、七字区切りの旋律の暗誦を訓練する場合に、「し」を高くとか、「め」を低くとか注意することができないし、誦文を完全に身に付けたうえで実際に使おうとする場合にも、それと同じ点に支障があって、所期の目的に供した場合、機能を果たすことができなかったのである。

この目的のための、必要にして十分な仮名の数が二十字とか三十字とかという程度であったとしたら、重複することがなかったかわりに、網羅されることもなかったであろうが、この目的のためには、もっと多くの仮名を組みこむことが望ましかった。そこで、違う仮名、違う仮名とさがしていって、これ以上はもう一つも残されていないという限界が、この四十八字だったのであろう。すなわち、網羅してみようとして集めたのではなく、結果として網羅されてしまったのが、この四十八字だったということなのである。

阿女都千の製作意図

阿女都千が作られ、そしてそれが七字区切りにされるようになるまでの経緯をここに想定してみたのは、あくまでも筋道としてそのようになるだろうということであって、ここに想定したとおりの過程を実際に経たということではない。これに先行するさらに古い誦文があったかもしれないし、阿女都千の作者自身がみずから破棄した失敗作もあったに相違ない。しかし、具体的にたどった経過がどうあろうと、この誦文が漢語の声調を習得させるための手段として作られたものであり、七字区切りは、それをさらに有効に運用するための工夫として考え出されたのであろうという、右の解釈の大筋には影響がない。

源順は漢学に造詣の深い人物であったし、また『宇津保物語』の作者がだれであろうと、阿女都千の手本をおくった右大将は、春の詩、夏の詩をも書いているのであるから、これまた漢詩の押韻の重要な条件となるべき、声調についての知識をそなえていたことは疑う余地がない。そういう学習経験を持つ人物を介して、阿女都千のもう一つの使い道が――、すなわち手習詞としての使い道が――、あらたにうまれたのだとしたら、それはそれでよくわかる。

なお、阿女都千が「天地玄黄、宇宙洪荒」で始まる『千字文』の影響で作られたという考え方があるが、これもあながちに否定できないであろう。最初のことばが共通しているし、構成もよく似ている。ただし、漢字の練習は『千字文』で、仮名の練習は阿女都千でというのが阿女都千の作られた直接の動機であるとする考え方には賛同できない。そういう意味での模倣ではなく、これが有力な示唆となったということなら、十分にありえてよいことである。また、やはり漢字四字ずつを連ねて、有名な人物の事蹟を綴った『蒙求《もうぎゅう》』は、漢字音の訓練に用いられていたようである。十二世紀にくだるが、各文字に声点だけを加えたその写本も残されている。これもまた、阿女都千の構成と一致している点で、見のがせない事実である。

里女之訛説也という評価の根拠

源為憲は「阿女都千保之曾」という誦文に「里女之訛説也」という否定的評価を与え、それよりも大為尓の方がよくできているといっている。これは、いったい、どういう点を比較しての判断なのであろうか。

大矢透は「此誦為勝」という表現について、特に正面から論じていない。しかし、源為憲の『口遊』に「四十七字の大為尓歌を挙げて、世に行はるゝ四十八字なる阿女都千詞を斥けて、里女の訛説なりといへるより見れば……」という表現から推測するならば、余分な「エ」を含むか否かが評価の基準であると判断していることは疑いない。それ以後の研究者たちも同様であるから、これが現在の共通理解であると考えてよい。しかし、阿女都千と大為尓とを比較してみれば、相違する点はほかにいくつもあるので、音韻史という狭い視点からそのように断定してしまうのは危険である。かりに結論がそこに落ちつくとしても、ほかの可能性を否定したうえでなければ、証明と呼ぶことはできない。ましてこの場合は、結論がそれとは違ってきそうなのである。そもそも「エ」の仮名が一つ多いからといって、それだけの理由で「里女之訛説也」などときめつけたというのも納得しにくいことである。この場合、二つの誦文についての優劣の判断は、実用上の見地からなされていると考えるのが妥当であろう。

衣不祢加計奴江

まず、ここで最初に検討しなければならないのは、大為尓に［je］と読まれていた仮名が一つしかなかったと断定できるかどうかである。『口遊』には「衣不祢加計奴」という部分に「衣」が一つだけであるから、こういう問題を提出すること自体が無意味なように見えるが、そうとも言いきれない点がある。

われわれは、第三章において、大為尓に「於」が欠けているのは、不注意による脱落でなしに、意図的な削除であろうと推定した。もしそうだとしたら、［je］の重複と認められた二つの仮名の、その一方も、それと同様の理由から削除されているのではないかということを、当然、考えてみなければならない。大矢透は、われわれと違って、この本の写しがずさんであるために「於の一字を脱し」た、という立場をとっているが、それほど信用のおけない本文だとしたら、「於」のほかにも脱落がないかという目で、全体を見なおす必要があったはずである。

たゐにいて　なつむわれをそ　5—7　やましろの　うちゑへるこら　5—7
きみめすと　あさりおひゆく　5—7　もはほせよ　えふねかけぬ　5—6

五七調できれいにととのえられて、最後の句だけが六字で終っている。もとの形に、もう一つの［je］と判断される仮名が含まれていたとしたら、ほかを字余りにして最後を六字にしておくことはありえないから、いまの問題は、「えふねかけぬ」のどこかに、もう一つの「え」を挿入することが可能かどうかというところにしぼられる。

ええふねかけぬ　ええふねかけぬ　えふえねかけぬ　えふねえかけぬ
えふねかえけぬ　えふねかけえぬ　えふねかけぬえ

意味をなすのは、最後の「えふねかけぬえ」、すなわち、「え舟繫けぬ江（＝舟がつなげない入江）」だけである。「え…ず」の「え」はア行、「江」はヤ行であるから、その点でも、まったく無理がない。「衣不祢加計奴」の「衣」は、本来、ア行の[e]であるから、もとの形がここにそのまま保存されたと見ることができる。

このように補ってみたうえで、あらためてもとの形を見ると、この部分は文法的にも破格になっている。すなわち、ここで文が終止するのなら、期待されるのは「えふねかけず」という終止形止めであって、「えふねかけぬ」という連体形止めではない。これは、その下に名詞が続くときの形である。大きな制約のもとに作られたものなので、少々の破格ぐらいはあたりまえという寛容さで見ているから、ここも簡単に見すごしてしまうことになる。すでに「す」の仮名をほかに使ってしまっているので、余っている「ぬ」を使わざるをえなかったというのが、この場合の理由づけである。しかし、いま、そのあとに「江」という名詞を付けたなら、破格はそれで解消してしまう。あとの時代になってから末尾の「江」が意図的に削除されたと見るべき公算は、この事実によって、いっそう大きくなったということができる。

終止形の立つ位置に連体形が用いられるという現象は、古い時期にはほとんど見られなかったが、平安時代中期以後、しだいにその傾向が強くなり、ついに終止形を駆逐してしまった。「する」「来る」などは、かつての連体形であって、それぞれの終止形は「す」「く」という形であった。「ず」と「ぬ」との関係もそれらと同じである。われわれは、後世の感覚でついそれをとらえてしまいがちなので、「衣不祢加計奴」に抵抗を感じないのである。末尾に置かれていた「江」の仮名が削除されたのは、そういう感覚が芽ばえかけてからのことなのかもしれない。

もし、最初から四十七字の仮名を使って誦文を作り上げようとしたら、大為尓のような形になったかどうか疑問がある。四十八字だからこそ、(5＋7)×4＝48 という形式に作りあげることを思いついたと考えるのが穏当ではないか、ということも付け加えておきたい。

四十八字の大為尓

源為憲がそれを阿女都千と比較して「此誦為勝」といった「此誦」が、四十八字の誦文であったという可能性は十分にある。『口遊』を書写した人物が「此謂借名文字」という注記の趣旨に従って、重出している二つの仮名を削除したとしたら、それは真福寺本に見られる四十六字の誦文になる。ともかく、これに「於」だけを無条件に補って「江」を問題にせず、「四十七音時代」云々を論じるのは短絡であり、また軽率でもある。

大矢透がここで「江」の脱落に考え及ばなかったのは、おそらく、九七〇年に「衣」と「江」との区別が残っているはずがないという確信があったからなのであろう。そうだとすれば、それは証明すべきことを前提にしてしまったわけであって、方法のうえで批判されなければならない。あたかもそれが既定事実であるかのように、ここに「於」を補ったのもまた、それと同じあやまちである。そのようにして組み立てられた学説が六十年も不動であったことは、さらに厳しく批判されなければならない。

右のように、大矢透は、この大為尓をもって「四十七音時代」の確証であると見なしている。しかし、その原形が実は四十八字であったかもしれないという可能性がでてきたので、この誦文は「衣」と「江」との合流を証明するための資料として使えないことになる。しかし、そうかといって、九七〇年が、まだ、大矢透がいうところの「四十八音時代」であったというわけでもない。大為尓の成立年代についても、さらに疑う余地が残されているし、そもそも音韻変化が生じさえしたら、変化した結果が、このような誦文にそのまま敏感に反映するはずだという前提そのものが、問いなおされなければならないからである。

四十八字の以呂波

大為尔に四十八字の可能性がでてきた以上、当然、以呂波についても洗いなおしが必要になってくる。もし、この誦文に「衣」を補うとしたら、それは字たらずになっている「わかよたれそ」の部分以外にありえない。そこで、ちょうど大為尔について試みたと同じように、可能なすべての位置に「え」を入れてみても、どこにもおさまりそうにない。しかし、亀井孝によれば、そのあとの句とひと続きにして、

わがよたれそえ　つねならむ　　我が世誰ぞ、え常ならむ

という形にすることができるという。この世に誰が恒常でありえようか、ということである。この言いまわしに、多少とも不自然なところがあるのは否定できないが、第一章に指摘しておいたとおり、この誦文にはほかの箇所にも無理な言いまわしが目立

つので、ここもまたその一つにすぎないといってよさそうである。七・五がそれぞれ独立しているわけではなく、ひとまとまりとして構成されているのであるから、こういう続け方が考えだされたとしても不思議はない。

大為尓を組みかえることによって以呂波が作られたと見るべき積極的な根拠はないし、また、文献資料をそのように近視眼的に取り扱うものでもない。ただし、第三章の最後に述べたように、順序としては以呂波の方があとに成立したと考えるべきであろう。ただ、ここで厄介なのは、成立時期の推定である。『口遊』との関係からするならば、それは九七〇年以降のことと見るのがおとなしい。そうだとすれば、もはや「衣」と「江」との発音上の区別は失われていたと考えるべきであろう。大矢透のいわゆる「四十七音時代」である。ところが、右のように「え」を補入してみると、それは副詞であるから「衣」に当たるし、「けふこえて」の「え」は動詞「越ゆ」の連用形で「江」に当たるから、いずれも「四十八音時代」の分布のしかたに一致している。もちろん、この場合、偶然の介入する余地も大きいが、やはり気にせざるをえない。

以呂波に関してここに想定された複数の可能性や推定が、すべて同時に真ではありえない。四十八字としての再構が空想にとどまるのか、「衣」と「江」との正用は見かけ上の使い分けにすぎないのか、どちらか一つが確定できれば他も決まってくるが、この場合には、どうにもならない。われわれは、ここでこの問題に急いで決着をつけず、新しい手がかりがあらわれる日を気長に待つべきであろう。ただし、この問題を保留したままでも、つぎのことは言えるはずであるし、また、言っておく必要もある。

『金光明最勝王経音義』の以呂波は七字ずつに区切られ、全体として特別の旋律が施されている。もし、以呂波の原形が四十八字として作られたにしても、この方式が成立した時点において、すでにそれは「衣」を含まない形に変形されている。その旋律の伝承される過程で「衣」の削除と、それにともなう繰り上げとがなされているとは考えにくいからである。かりに四十八字を七字区切りにしたとすれば、「衣」はそのままに保存され、「於」と同じく副次的な扱いになっているはずと見るのが順当である、と。

大為尓の作者

大為尓の作者を源為憲自身であると見なす立場がある。なんらかの確実な根拠に基づく推定ではなく、「此誦為勝」ということばを、彼の自慢であると直観しての思いこみから来ているらしい。筋道はつぎのようになる。
源順は自分が「衣」と「江」との発音を区別できないのに「あめつちの歌、四十八首」を作っている。もしかれが大為尓を知っていたとしたら、「たゐにの歌、四十七首」を作ったであろう。そして、彼の弟子にあたる源為憲が『口遊』に、師の源順が知らなかった大為尓を記していることは、まだそれが作られてからあまりたっていなかったことを意味している——。

右のような考え方をしてみれば、やはり源為憲作という方向をとることになるのかもしれないが、一般的なありかたからいって、自作の誦文をすぐれたものだとして、このような形で示すというのは普通でない。これが、もともと四十八字の誦文として作られたとするならば、もちろん、解釈はまったくかわってくる。

大為尓は、まだ「衣」と「江」との発音の区別があるうちに作られていたが、あまりかえりみる人がいなかった。源順もその存在を知っていたが、阿女都千の方がすぐれていると考えていた。それに対して、弟子の源為憲はちょうど逆の評価をここに示しているというのが、その一つの解釈である。もう一つは、「あめつちの歌、四十八首」が作られて以後に、阿女都千の組みかえとして、大為尓が作られたが、阿女都千の勢力が強くていっこうに広まらなかったのを、源為憲がここに取り上げたという解釈である。第二の立場をとれば、製作時期がさほど溯らないことになるが、さりとて、これが源為憲の自作であると考えたりする必要はない。

此誦為勝

「里女之訛説也」というのは、相当にひどい評価である。駄作だということではなく、救いようのないほど乱れてしまっているというつもりのことばであろう。『口遊』には阿女都千の全文があげられていないので、どういう形をさしてこのようにいっているのか直接には確かめられないが、師にあたる源順が知っていた形が――、すなわち、「あめつちの歌、四十八首」から知られる形が――、それであると考えて間違いないであろう。

もし、七字区切りがいけないというのなら、八字区切りになおせばよいだけのことで、「里女之訛説也」などといって見切りをつけるはずはない。おそらく、後半の三分の一ほどが意味不通であることを、こういったものであろう。最初はこの部分も二音節名詞の組みになっていたのを、無学な連中がわけもわからずに口まねをして、とうとう復原不能にしてしまったという理解のしかたをしているように見える。

阿女都千よりもすぐれているという評価がここに与えられた大為尓の方はどうかと

いうと、これは、まるでたわごとのような内容である。ただし、全体がうまくつながらないだけで、前半と後半とは、それぞれ、どうにか続いている。『口遊』の編纂者としても、これがすばらしい出来だと考えたはずはない。「此誦為勝」といっても、そういう乱れきった形の誦文に比べれば、こちらの方が
まだずっとましだという程度の相対的評価なのであろう。あるいは歌合になぞらえて、阿女都千の難点をあげ、大為尓を「かち」としたのかもしれない。

阿女都千が日本の伝統的な韻律に従わず、また文脈を持たないのに対して、大為尓は五七調で綴られており、しかも文脈らしきものを持っているからこの方がずっとおぼえやすい。この点もまた「此誦為勝」という判定の一つの根拠になりえたと考えてよい。阿女都千の組み変えを思いたったということは、それが内部的になにか不都合な点を持っていると感じられたからなのであろう。その不都合が大為尓において解消されているとしたら、それは、やはり、おぼえにくさ、あるいは思い出しにくさということであろう。

大為尓と以呂波とを、まず格調で比較して、優劣を評価するのは正しくない。大為尓は、これで必要にして十分な条件を満たしているということを確認するのが先決である。要するに、たとえ、犬がころんだ、といったたぐいの、たわいのない内容で

あったとしても、全体が日本語としての文脈をそなえてさえいれば、機能のうえでは、それで十分だったのである。

源為憲は大為尓の方に長を認めているが、それはおそらく少数意見だったのであろう。源順も大為尓の存在を知っていながら「あめつちの歌、四十八首」を作ったという可能性があるし、また、大為尓が『口遊』以外のどの文献にもその証跡を残していないのに対し、阿女都千は、平安時代の『相模集』『賀茂保憲女集』などに、その姿の一部をあらわしているだけでなく、北畠親房（一二九三〜一三五四）の『古今集序註』のような南北朝時代の文献にまで、「天地星空」が以呂波の無常を嫌う人たちの間で、手習に用いられていると記されている。

手習詞歌という規定の問題

『金光明最勝王経音義』の以呂波について、われわれはいくつもの疑問をいだき、それらを解決するために『口遊』所載の大為尓を経て阿女都千にまでさかのぼり、いろいろと検討を加えてきた。その結果、これらの誦文の、その本質ないし実態が、これまでの既成概念と大きく相違するものであることを見いだした。

この領域における開拓者的業績は、大矢透の『音図及手習詞歌考』である。そこに提示された諸見解の多くは、ほとんどそのままに受け入れられて定説化しており、今日でもなお、概説書の大部分は、依然として大矢説を要約したり紹介したりしている。しかし、すでに明らかなように、今日の水準から批判するならば、大矢透の論理には飛躍が目立ちすぎるし、また独断も少なくない。全体に掘り下げが不足しており、言語史的研究と呼びうるものになっていない。

これらの誦文を一括して「手習詞歌」と呼ぶことは、おそらく、大矢透に始まるのであろう。もし先蹤があったとしても、それが定着したのは右の書名からである。そして、その名称とともに、これらの誦文の基本的役割についての認識も学界に定着した。しかし、阿女都千や以呂波が手習に使われた証拠をあげ、また、その目的にふさわしい外的な特質をそなえていることを指摘してみても、それらの誦文が、まさにその目的に供するために作られたことの確実な証明にはならない。それはちょうど、ブランディーが外傷の消毒のために醸造されたことを証明するのと同じような誤りをおかすことになる。

真言宗の論議や声明《しょうみょう》のことを記した文献には、しばしば声点の加えられた以呂波が記されており、それらを相互に比較してみると、旋律は実にさまざまである。これは、伝承されているうちに自然に変わってしまったのではなく、音節の高低についての感覚を訓練し、アクセントや節《ふし》まわしを正確におぼえさせるための手段として、もっとも効果的な旋律を作り出そうという努力が重ねられてきたことを物語るものである。『金光明最勝王経音義』の以呂波は、そういう流れの、古い段階を示すものであり、『口遊』に記されている「阿女都千保之曾」という七字区切りは、ここに後世の人による手入れが加わっていない限り、その方式の起源が、さらに古い時期にあることを示唆している。

一般に、それがどういう目的のために作られたかを知るための、もっとも有力な手がかりは、それがどういう目的のために使われているかというところにある。したがって、以呂波についての考察も、まずその点を明らかにすることから始めなければならない。

ところが、大矢透はここで方法をあやまってしまった。すなわち、現存する最古の以呂波が、仏典の音義に、真仮名を用いて、しかも七字区切りで記されているという事実を指摘しておきながら、それがどういう目的に使われたのかを、考えてみようとしなかったのである。仮名ごとに声点が加えられているのは、音義中の和訓を表記した仮名に、これに基づいて平・上の区別をしたためであるというのが、この以呂波に関する説明らしい説明のすべてであり、また、その推定が事実に符合するかどうかを確かめようともしていない。

もし、ここで立ち止まって考えていたとしたら、幼童の手習とまったく無縁な世界において、以呂波が重要な機能をになっていたことに気づいたに相違ないし、それによって、議論もおのずから別の方向をとることになったであろう。要するに、以呂波は旋律の習得用と手習用という、まったく違った二つの使われ方をしており、その事実を踏まえたうえでなければ、製作の目的を論ずべきではないのである。

以呂波の作者

このあたりで、以呂波の作者についても考えておこう。金剛峯寺で名高い高野山に行ってみると、「いろはうた」を染めぬいたタオルとか、「いろは」をその名に冠した菓子類などが、参詣記念にたくさん売られており、開祖弘法大師空海作という伝承が、この町ではまだ脈々と生きつづけていることがわかる。

この伝承のもとをただすと、文献のうえでも十二世紀初頭まではさかのぼれるようである。大江匡房（一〇四一～一一一一）の『江談抄《ごうだんしょう》』、天仁二年（一一〇九）八月の条に、以呂波が「弘法大師御作」といわれている旨の記事があることを、十四世紀に作られた『源氏物語』注釈書の『河海抄』が引用しているという指摘がなされてお

り、また、そのあとの時期にも、

先師ノ説ニ云ク中略、伊呂波者、弘法大師作之由申シ伝フル歟《カ》〔占部懐賢・釈日本紀〕

弘仁・天長中、弘法大師釈空海、造二ル四十七字ノ伊呂波一ヲ〔明魏・倭片仮字反切義解・序〕

というたぐいの記事は随所に見いだされる。しかし、大矢透が、今様の歌体の成立時期、「衣」の欠如、仮名字体などいくつもの根拠をあげて、空海（七七四～八三五）より百年以上あとの成立であろうと主張して以後は、それが定説となって支持されている。

現在の研究水準をもって批判すると、大矢透が「伊呂波歌の空海ノ作ならざる断案」としてあげたこれらの根拠も再吟味の必要を生じているが、その結論だけについていえば、正しいと認めてよい。したがって、空海作というのは、いまや俗信にすぎない。

大矢透によって否定されて以後、すくなくとも国語史研究の領域では、その俗信が問題にされなくなった。実をいうと、大矢透は空海作を否定したうえで、さらに根拠をあげ、「編者は、断じて、伊呂波歌は、天禄前後より永観までの間（九七〇〜九八五）に於いて、空也、千観、若くは其徒によりて製作せられたるものと為して疑はざるなり。」と断定しているのであるが、この考えは支持されていない。「其の製作の目的は、民間の化導に仕りしなるべし」という設定が説得力に乏しいので、その線から絞られた最適の候補者もまた重視されていないということなのであろう。われわれも、その可能性に疑義をいだくので、この引き当ての当否については吟味を省略するが、むしろ問題にしたいのは、空海作という俗信の由来についてである。

蒼頡《そうけつ》が鳥の足跡を見て漢字を作ったとか、片仮名は吉備真備《きびのまきび》が、当時通用の真仮名の偏旁点画を省いて作ったものだというのと同じように、以呂波についても特定個人をその創作者とする俗説が生まれてくるのは、異とするに当たらない。ただ、その引き当ては、いかにもそれにふさわしい人物でなければならない。ここでの問題は、それがなぜ空海だったのかということである。その条件としては、いちおう、つぎの三点が考えられる。

1　書道の面でいえば、空海は嵯峨天皇および橘逸勢《はやなり》とともに三筆の一人である。
2　仏教的な悟りの境地を暗示する内容で、空海のような高僧の作に間違いない。

3　極端な用字上の制約のもとに、これほどすぐれた内容を巧みによみこめる天才は空海以外に考えにくい。

4　この誦文は真言宗系統で学問的用途に使われており、それが世間に流布したものである。

これだけそろっていれば、作者を空海に擬するには十分といってよい。しかし、そのほかに、もう一つ決定的条件があるのではなかろうか。

『金光明最勝王経』という経典は、もっぱら法相宗で使われたものであり、この音義の編纂者も法相宗の僧侶であると推定すべき確実な根拠がある。そして、法相宗の学問は真言宗のそれと密接な関係を持っている。

平安時代末期に、この系統の学派において、空海が絶対的な権威者と目されていたことの一つの証拠は、十二世紀初頭ごろの編纂になる字書『類聚名義抄』（図書寮本）によくあらわれている。この書名は、空海の『篆隷万象名義』から「名義」を、そして源順の『和名類聚抄』から「類聚」をそれぞれとって付けられたものであり、僧・俗の学問の総合を象徴的に暗示したものと思われるが、その冒頭に置かれた「水」という項目には、「弘云」、すなわち、弘法大師の書につぎのように記されているとして、『篆隷万象名義』から、どうでもよいような発音表示が、他書に優先して引用されている。たとえば中算の『法華経釈文』を「中云」として引用するのがこの字書の方式であるのに、「空云」でなく「弘云」と略されていることにも注目したい。したがって、もしこれが真言宗系の学派から出たものであるならば、この誦文の作者が直線的に空海に結び付けられたとしても、不思議はないのである。この学派の内部で、すでに空海作という伝承が生まれていたかどうかは疑わしいが、大師の権威は仏門の中だけではないので、これが世間の空気に触れたとたんに、真言宗の高僧なら弘法大師ということで、ほとんど無条件にそうなってしまったのではなかろうか。その結び付けが、いっそう以呂波の普及に力を添えたかもしれない。第二章で『補忘記』所載の以呂波について触れた際に述べたとおり、真言宗では、旋律を付した七字区切りの以呂波が後世まで使われつづけており、それがまた、空海作という伝承の真実らしさを支えてきたということもあるであろう。

僧と俗との交渉

阿女都千は、おそらく博士家など、漢籍に親しんでいる人たちの手によって作られたものであろう。『千字文』に比すべき構成は、いかにもそれにふさわしい。一方、右に考えたような筋道からするならば、以呂波の作者は真言宗系の学僧と推定される。阿女都千や、それを組みかえた誦文の存在をまったく知らずに、以呂波が独自に創案されたとは想定しにくいから、経路としては、まず俗から仏門に流れ、そこで洗練されて、ふたたび俗に還元されたということになる。そして、俗の世界では、このような誦文の持つ構成上の特徴をたくみに生かして手習に利用し、それが主要な使い道になったために、ついには、誦文自体が手習の用に供する目的で最初から作られたものと信じられるまでになったというのが、ことの真相ではないであろうか。

伊呂波、高下、声

以呂波に声点を加えたものは、『補忘記』のほかにも、真言宗の声明や論議関係の文献の中に、すくなからず見いだされる。それらについて、第二章で試みたように模様を作ってみると、『補忘記』そっくりのものもあるが、全体からすると、たがいに無縁であるといってよいほどの違いを持っている。例の21対21という原理で作られているものはむしろ少ないが、それぞれに別種の工夫がなされているように見える。

実は『補忘記』所載の「伊呂波ノ高下ノ声」の場合にも、その目的は『金光明最勝王経音義』所載の以呂波の場合と、まったく同じではない。

十四世紀初頭ごろまでの日本語においては、助詞や助動詞がそれぞれ固有のアクセントを持っており、その直前に立つ自立語のアクセントは無関係であった。ところが、そのあとになって、付属語は自立語とひとまとまりになってアクセントの単位を構成するようになり、ここに、いわゆる文節が成立した。

口頭語がそのように変化しても、伝承の方は、それ以前の形を保存しようと努力する。以呂波は、その目的のために組み変えられた。すなわち、助詞や助動詞のアクセントが曖昧になってきたので、その正しい形を以呂波に組みこんでおき、いつでも思い出せるようにしようということなのである。たとえば、声明や論議の中で、助詞の「に」が高いか低いかわからなくなれば、この『補忘記』の以呂波に従って、

○《イ》○《ロ》●《ハ》●《ニ》○《ホ》○《ヘ》○《ト》　→　ニ【●】

と言ってみればよい。もちろん、いくつかの主要な付属語だけに限られる。そういう

ことばのアクセントをまず要所要所に組みこんだうえで、全体が21対21になるように適当に［●］と［○］とを配置し、本来の目的にそのまま使えるようにしたのであるから、これは、まことに非凡な創意といわなければならない。だれにでもすぐに思いつくようなことではなかったであろう。

しかし、われわれは、その巧みさにただ驚いてだけいるべきではない。この工夫には実用という明確な動機づけがあり、そして、その効用についての計算があるということを見のがしてはならないのである。この事実は、真言宗の伝統の中に、七字区切りの以呂波が形骸化されずにそのまま生きており、そして生かされていたことの、なによりの証拠として注目されなければならない。

第六章　『色葉字類抄』の成立

発音と表記とのずれ

いろいろの外国語を眺めわたしてみると、発音と表記との対応関係が、実にさまざまであることがわかる。英語だけを見ていたのでは、どうして knee [niː]（膝）とか knife [naif] とかいう奇妙な綴りがあるのかと不思議になるが、英語と同起源（cognate）のドイツ語では、Knie [kniː], Kneif [knaif] というように、語頭の k が綴りどおりに発音されている。英語では、kn->n- という音韻変化が起こっても、綴りをもとのままに守っているために、こういうずれを生じているのである。英語のアルファベットが、一般に表音文字として分類されているからといって、綴りだけを手がかりにうっかり発音したりすると、とんだ恥をかくことにもなりかねない。この例からも知られるとおり、表記と発音との対応関係が不規則になっていることの最大の原因は、発音が変化しても、表記がそのままについていかないところにある。

アルファベットと同じく、日本語の仮名もやはり表音文字である。この方は英語のアルファベットなどに比べたら、発音にきわめて忠実であって、耳で聞いたことばを、ほとんどそのままに仮名にうつすことができる、とさえいってよさそうに見える。すくなくとも、たいていの日本人はそのように信じこんでいる。実際には、発音を仮名に置きかえるためのいろいろのきまりがひしめいていても、知らない間にそれらがすっかり身に付いてしまっているので、いちいち意識にのぼらなくなっているにすぎない。

しかし、ある特定の語群については、身に付けたその置きかえのきまりが適用できなくなる。つぎのような、オ列長音を含む語形がすなわちそれであって、発音を比較してみても正しい表記が導き出せない。

扇　おおぎ　おうぎ　王様　おうさま　おおさま
狼　おおかみ　おうかみ　通り　とおり　とうり

「大通り」となれば「おおどおり」「おおどうり」「おうどおり」「おうどうり」という四つの表記が選択の対象となる。こういう問題を含む諸語の多くは、漢字で書かれるのが普通なので、小学校も高学年になればどちらでもよくなってしまう。しかし、起源的には同じく「通り」であっても、「聞いた to:ri」のような形式名詞的用法や「指示 do:ri」のような接尾語的用法は仮名書きになるので、選択が回避できない。そこを勘に頼って書くために、公的な通知や告示の類にさえ誤用が目立つことになる。

昔は「えうちゑん」から「せうがくかう」に入ったものだといっても、子どもたちには理解できない。「てふてふ」が飛んでいたなどというと吹き出してしまう。そういう不合理な歴史的仮名遣は太平洋戦争の終了後、まもなく廃止になり、いまでは発音どおりに表記する現代かなづかいが行なわれていると、一般に認識されているように見えるが、それは事実に反する。実のところ、現代かなづかいというのは、歴史的仮名遣を現代の発音に近づけて改訂したものなのである。

したがって「あふぎ」「おほかみ」「わうさま」「とほり」という、もとの仮名遣を知っていれば、「あふ」「わう」は「おう」に、ということで「おうぎ」「おうさま」、また、語頭以外の「ほ」は「お」に、ということで「おおかみ」「とおり」が導き出せることになる。「大阪」は「おおさか」でも、京都府と滋賀県との境にある「逢坂山」は「あふさかやま」がもとなので「おうさかやま」と書かなければならないというのが、定められた規則なのである。

発音と表記との対応関係の乱れというところに、仮名づかいの問題が生じる。それは現代語の表記にかかわる重要な事柄でもあるので、以下の三章にわたって詳しい検討を試みたい。

『色葉字類抄』

平安時代末期に『色葉字類抄』という画期的な字書が編纂されている。編者は橘忠兼で、跋文によると、天養（一一四四）から治承末（一一八〇）ごろに至る三十余年間、補訂に補訂を重ねてできあがったのがこの字書であるという。詳しくいうと、その中間過程にある伝本や、親縁関係にある別名の字書などがあって、それはそれなりに複雑な問題を含んでいるが、ここには、もっぱら、その完成した段階を示すと見られる三巻本に基づいて考えてみることにする。

はじめに、巻頭の序文を読んでみよう。原文では、助詞の多くが、文字の周辺にさされた乎古止《をこと》点によって示され、また、返点、句読点、傍訓、送り仮名などが加えられているが、ここには、それを読みやすい形に改め、必要な送り仮名を追加して示すことにする。

色葉字類抄序

叙シテ曰ク。漢家ハ以テレ音ヲ悟ルレ義ヲ。本朝ハ就キテレ訓ニ詳ニスレ言ヲ。而テ文字ハ且《シャ》千ニシテ、訓解モ非ズレ一ニ。今、揚《ア》ゲ二色葉之一字ヲ一、為《ス》二詞条ノ初言ト一。凡《スベ》テ四十七篇、分テ為《ス》二両巻ト一。篇ノ中ニ勒スレ部ヲ。為ナリレ令《シ》メムガ二見ル者ヲシテ不《ザ》ラレ労《ツカレ》レ眸《ヒトミ》ヲ。字ノ下ニ付スレ訓ヲ。為レ令《シ》メムガ二愚者ヲシテ可カラ一レ指スレ掌《タナゴコロ》ヲ也。但シ、外ノ人ニハ不《ザ》レ見セ、見テハ而可シレ咲《ワラ》フ。以テ授ケテ二家童ニ一欲《オモ》フレ無カラムト二市閲一スルコト。於テハ二脱漏ノ字一ニ、後人補ヘレ之ヲ。云フコト尓《シカ》リ。

中国人は文字の発音を聞いてそのまま意味を理解するが、日本人はそれに和訓を引き当ててみて、はじめて納得する。ところが、文字の数には際限がないし、また一字一訓というわけでもないから、その量は膨大なものになる。そこで、ここに、ことばの最初の音節の発音を目安にして色葉（＝以呂波）に分類し、全体を四十七篇として、それらを二巻に分ける。各篇の内部には、さらに細かい部を立てる。そうしておかないと、求める語が容易に検索できなくなってしまうからである。文字の下には和訓を添えておく。ほんとうは和訓など不必要なはずであるが、それは愚者が取り違えをしないようにということであるから無視してほしい。この家の子どもたちの教育用に使って、よその人たちには見せないように。見ればきっと笑うにちがいない。これを世間に出さないように。もし脱落している文字があるなら、後の人が補うように——と、おおよそ、こういった趣旨である。うしろの方のことばは、必ずしも真意ではなく、このような序文の表現類型として理解しておくべきであろう。

編纂の動機

中国で編纂された多くの字書が日本にもたらされたし、平安時代になるとそれらの形式にならって、『新撰字鏡』のような和訓を添えた字書や、『類聚名義抄』のような本格的な漢和字書が編纂されている。しかし、日本語の語形から、それに対応する漢字が検索できるように構成された字書というのは、この『色葉字類抄』が最初の試みである。あとに述べるように、中国には漢字音の韻を手がかりにして文字を求める韻書が編纂されており、隋唐時代からの伝統を持っている。発音引きという点だけからいうならば、この『色葉字類抄』もそれと共通しているので、あるいは韻書の方式が着想の引きがねになっているのかもしれないが、ともあれ、独創性は十分に評価すべきであろう。

『色葉字類抄』という字書の編纂意図については、序文にも跋文にも一言も触れられていない。しかし、ここでただちに思いうかぶのは、漢字文の日記とか記録とかを書こうとする際に、座右に置いて参照するためということである。漢和字書を〈読むための字書〉、そして、この系列の字書を〈書くための字書〉として性格づけることも行なわれている。そういう実用上の要請は、当然、あったはずと考えられるし、また、この『色葉字類抄』の内容が、その要請に十分にこたえうるものになっていることも疑いない。しかし、実際にこの字書をひもといてみると、どうもそういうことだけでは説明し尽くせないなにかがあるという実感がある。ひとりの人間が、ただ実用に供するだけのために、一つの字書の編纂に、その生涯の大部分をささげることが、はたしてできるであろうかという素朴な疑問もある。

ここで思いきった規定のしかたをするならば、この橘忠兼という人物は、いわば、ことばのマニア、ないしはディレッタントだったのではないであろうか。「取る」「執る」「撮る」というように並べてゆけば、実にさまざまの「トル」があるが、いったい全部でどれだけの文字になるのであろう。ひとつ徹底的に集め尽くしてみようというような関心とか好奇心とかいうべきものが、編纂の原動力になっているように思われてならない。「文字は且千にして、訓解も一に非ず」という表現も、労苦の大きさを嘆いているわけではなく、むしろそのことばの中に、一種の楽しみの心がひそんでいるようにさえ見える。この字も「トル」、あの字も「トル」ということで一字一字と加えてゆき、三十余年の歳月をかけて、ついに九十四字まで集まったところで、もはやこれ以上はちょっとなさそうだと判断してうち切ったということなのであろう。「脱漏の字に於ては、後人これを補へ」といわれたところで、このほかにもう一つ、九十五番めの「トル」を探しだすのは、ほとんど絶望に近い。

その語に当たる簡単な日用の文字なら知っているが、ここでいくらか気のきいた漢字を使ってみたいという、いわば衒学的な動機から検索される可能性までも考慮に入れるなら、「トル」の項に羅列される漢字の種類も、五字や十字ではすまないに相違ない。しかし、そうかといって、九十四字というのは、あまりにも多すぎないであろうか。やはり、そこにはディレッタントの完全主義があると考えざるをえない。

発音引きの字書

各語ごとに集められた文字群は、一定の原理のもとに、秩序だてて整理しなければ検索できない。おそらく当時としては、最初に思いつくのが、意味による分類だったであろう。『爾雅』に代表される中国の義書、すなわち意義分類体の辞書の系列がそういう原理によっているし、源順の『和名類聚抄』は、現にこの字書のもっとも重要な典拠の一つになっている。しかし、橘忠兼は、その方式をここに採用することができなかった。

この字書の内容を詳しく観察したり分析したりという姿勢をひとまず捨てて、われわれ自身もまた、この字書の編纂に積極的に参与しているという立場に立って、項目整理の方針がどうあるべきかについて考えてみよう。

全部の項目が名詞の類だけから成っているのなら、部門を立てるのは容易である。しかし、用言の意味分類となると、伝統的な原理は存在しなかったし、まして、膨大な量にのぼる漢語にいたっては、手の施しようもない。いくつかの部門を無理に立ててみても、検索する人たちの眸を労《つか》れ令《し》むる結果になるだけのことである。

あらゆる種類の語に無差別に適用できる分類の指標は発音であるし、また発音以外に求められない。韻書と呼ばれるものの大部分は、字形や字義と無関係に、ただ発音のしかただけを手がかりにして、すべての文字が検索できるように構成されている。

いま、ここに韻書の方式をそのまま模倣するなら、日本語についても、つぎのようないくつかの分類がいちおう可能である。

A　語頭子音を除いた残りの部分が共通の形を持つ語群を一類とする。
＝aki 秋　柿　先　滝　垣　透垣……

B　語末音節の共通する語群を一類とする。

＝ル　去る　猿　干《ひ》る　昼　寄る　夜　知る　汁　帰る　蛙　蛾《ひひる》　顧る……

中国語の韻の概念をそのまま持ちこんだのがA方式であるが、いくつの韻を立てて、それらをどのように並べるかとなると、どうにも始末が悪い。所詮、韻書というのは、単音節言語としての中国語の、その語形上の特徴をたくみにとらえて作られたものであって、日本語にそのまま当てはめにくい分類原理なのである。それにひきかえ、B方式の方なら語末にくる仮名の種類は限られた数になるから、いちおう適用可能のように見える。しかし、実際にその線で進めてみると、あとに述べるように、慣習的表記との相克を生じるので、これもまた実用にならない。

現在の常識からするならば、語頭音節を目安にするのが当然であるし、『色葉字類抄』では現にその方法がとられているので、右のようなくどくどとした吟味は、まったく無用の回り道でしかないように見えるが、そのように考えたのでは、非常に重要な事柄を見すごすことになる。

日本語の語彙を、発音の区別に従って類別したのは、この字書が最初の試みであり、当時の学問のありかたから考えるなら、意識的にも、また無意識にも、中国にその範を求めるのが自然だったから、発音引きの字書を作ろうということであれば、韻書の分類原理を適用できるかどうかという可能性が、まず検討されたはずと考えられる。われわれとしては、この場合、やはりそのことがいちおう検討されたうえで、断念されたのであろうと推測しておきたい。ということは「詞条の初言」、すなわち語頭音節による類別という着想の独創性を、過小評価してはならないという意味でもある。それは、おそらく、模索の末のひらめきなのであろう。発音引きの字書を作ろうとするかぎり、これ以外の方法はありえなかったはずだとか、あるいは、考えるまでもなく、それが常識だったとかいうことなら、序文にこういう表現をしているはずがない。

以呂波引き

平安時代初期、仮名は音節を単位とする表音文字として出発したが、十二世紀になると、音韻変化の結果、音節との対応関係がすでに相当に乱れてしまっている。しかし、それにもかかわらず、一つ一つの仮名が別々の音節に対応するという、いわば一対一の基本的認識にはひびがはいっていない。それは、音韻変化を生じたのが、もっぱら語頭以外の音節であり、語頭においては、e>je, o>wo という変化によって、二つの母音音節が姿を消しただけだったからである。

前章に紹介したように、以呂波にも、その最初の形には「衣」が含まれていた可能性が、亀井孝によって指摘されている。ただ、それはそれとして、結果的に定着した以呂波は「衣」を含まない四十七字であり、いまここでは、そのことだけが重要である。以呂波にすべての種類の仮名が網羅されていると見なす限り、それ以前の時期にe>jeという変化が生じたことは無関係になっている。

音韻史だけの立場から見るならば、以呂波が「於」を含んだままで定着したことは一つの大きな問題であるが、これについては、前章にその理由を推測しておいた。

このようなわけで、語頭においては「お」「を」を除いて、以呂波のすべての仮名が発音の区別を持っていた。一つ一つの仮名を切り離しても、それは同じことである。次章に取り上げることを先取りしていうならば、語頭の「ゐ」「ゑ」は、この当時、まだ[i][je]に変化しておらず、[wi][we]の形のままに保たれている。したがって、発音引きということは、事実上、仮名引きを意味していたといってよい。

橘忠兼が語頭音節による発音引きという方式を思いつき、それを以呂波に結び付けたのは賢明な選択であった。ここでもまた、われわれは、「今、色葉の一字を揚《あ》げ、詞条の初言とす」ということばの持つ重みを、十分に評価しなければならない。

日本語史研究という近視眼的な構えで臨むならば、この字書は最初から文献資料の一つと見なされるので、われわれの関心は、もっぱら、当面の研究目的にとっての資料価値という点に注がれることになる。しかし、その前に、これが一人の人間の営々たる努力の結晶であり、同時にまた、その時代の文化の所産であるという事実を忘れてはならない。

編纂者の橘忠兼としては、完成したこの字書を、どういう名称で呼ぼうと自由であった。したがって『色葉字類抄』という命名は、この字書の編纂意図やその特質などを端的に表明するための、編纂者の立場からの選択として理解すべきである。もちろん、わずか五つの文字に、その意図のすべてが凝縮し尽くされていると考えるのも行き過ぎであるが、われわれは、まず、この書名にあらわされた編纂者の意図を、正しく汲み取るように心がけなければならない。

以呂波を分類基準に採用したことが、編纂者による選択の結果であるとするならば、そこで捨てられたのは、どういう基準だったのであろうか。こういう疑問をいだいたところで、確実な推定をくだすべき客観的な根拠はほとんどない。しかし、いちおうはそういうことも考えてみたうえでないと、いっそう確かな帰結に到達することは期待しにくいのである。

橘忠兼は、この字書を、どうして『阿女都千字類抄』や『五音字類抄』として編成しなかったのであろうか。第五章に言及した『古今集序註』の叙述を信じるとしたら、この編纂者が阿女都千の存在を知っていたということは、十分に考えられる。以呂波が一般に広まったのは、十二世紀以降と考えられるから、その直前の時期までは、阿女都千か、あるいは、それと構成原理を同じくする、四十七字または四十八字の誦文が、「世俗」に普及していたはずである。それが、以呂波の出現と同時に姿を消したとは考えにくい。

選択の対象となったその誦文が阿女都千以外のものであったとしたら、直接に比較のしようがないが、ともかく、他の誦文よりすぐれているということで、以呂波がここに採択された最大の理由は、これが四十八字でなく四十七字の、無駄のない誦文だったからではなく、それが韻律によってととのえられ、一貫した文脈を持っていたためにおぼえやすく、また思い出しやすかったため、と考えられる。たとえば、いま動詞「ミル」に当てるべき文字を検索しようとする場合には、「あさきゆめみし」という句を反射的に思い出すことができるし、その句が、この誦文の中のどのあたりにあるかも、すぐに位置づけできるので、たいへん便利なのである。これが韻文形式の誦文の最大の強みであるといってよい。

他の検索方式はありえたか

現在の感覚からするならば、以呂波引きにするよりも、五音引きにした方が、検索の能率からいって、ずっと効果的だったのではないかと考えられる。そのなによりの証拠に、いまさら国語辞典の項目排列を以呂波順にもどした方がよいとは、だれも考えない。しかし、これは以呂波引きの字書を実用的に使った経験のない人たちが、観念的にそう考えるだけのことであって、筆者のような立場で、実用といえないまでも、かなり頻繁に検索する機会があると、右に指摘したような、韻文の持つ長所もよくわかる。

ただ、ここで注意しておきたいのは、橘忠兼が五音引きと以呂波引きの長短を天秤にかけたうえで、後者を選択したわけではないという点である。この当時、五十音図は、もっぱら仏家において漢字音や悉曇《しったん》学、すなわちサンスクリット語音韻学を学習する目的に用いられていて、世間一般には通用しておらず、また、母音の順序も行の順序も、いまのようには一定していなかったので、かりにそれを利用しようと思っても、その順序に従って項目を排列すること自体が、問題になりえなかったからである。かりに、その目的のために、編纂者が独自の順序にととのえたりしたのでは、この字書が引けないものになり、社会性を持ちえなかったのである。

以呂波の外形

三十年間にわたって「補綴」を加えてできあがったのが、この三巻本であるが、その編纂の中間過程に二巻本があったことは、三巻本の序に「分かちて両巻とす」という表現が見えることから明らかである。その二巻本として残された前田家蔵の伝本を見ると、実際には四冊で、各冊の部立ては左のようになっている。

上上　イロハニホヘトチリヌルヲ　　下上　ウキノオクヤマケフコエテ
上下　ワカヨタレソツネナラム　　下下　アサキユメミシヱヒモセス

irowa niwojedo
tirinuruwo
wagajo tarezo
tune naramu
uino wokujama
keu kojete
asaki jumemizi
weimo sezu

これは七字区切りでなく、今様の韻律にそのまま一致しているが、もし、意味をおもてに出したなら、その当時の読み方は右上に示すようになり、同音の仮名がいくつもあらわれることになるので、検索のためには都合が悪い。したがって、実際には、韻律を生かしながら一字一字を切り離し、濁音を交じえずに、全体を仮名の連鎖として読むという、ちょうど今日と同じ方式によっていたと考えられる。もちろん、意味の脈絡がその記憶を支えていたことは疑いない。

四十七篇の分類

以呂波を構成する仮名の発音がすべて違っているという総体的な認識があったことは、その対応関係にまったく例外がなかったことをただちに意味するわけではない。再三にわたって指摘してきたとおり、「を」と「お」との発音はともに［wo］であって、区別を持っていなかった。本来は［wo］と［o］という違った発音であったものが、o＞wo という音韻変化によってその区別が失われたというのは、言語史研究の結果に基づく、現在のわれわれの知識であって、その当時の人たちにしてみれば、要するに、二つの仮名の読み方がまったく同じだったにすぎない。しかし、それにもかかわらず、この字書はそれらを統合せずに、「凡て四十七篇」として編成されており、「遠」の部と「於」の部とには、それぞれに別の語が配されている。それが、検索されるための字書である以上、［wo］で始まる語を、ただ恣意的にどちらかに入れたということですむはずはなく、一つ一つの語をどちらの篇に求めたらよいかという明確な指標があったと考えなければならない。そうだとしたら、「を」「お」の識別基準は、いったい、どういうところにあったのであろうか。

これもすでに述べたところであるが、語頭音節に関するかぎり、「を」「お」以外に発音の合流した仮名はなかったから、それら二つを除く四十五篇に関しては、十世紀ごろの文献と対比してみてもそのまま一致しているのに、「遠」「於」の二篇に配された諸語だけは、より古い時期の用字に一致するものもあり、また一致しないものもあって、それを尺度として判断するかぎり、全体としては、まったくでたらめになっているように見える。

そもそも、以呂波は仮名の基準を示すものであるから、その中にこれら二つの仮名が独立の位置を占めている以上、一つに統合することは許されないとか、あるいは、この字書を『色葉字類抄』と命名する以上、まさか四十六篇にすることはできまいとかいう理由で、「を」と「お」とを無理やり分けてしまったものだとしたら、ずいぶん融通のきかない話としかいいようがないが、はたして、そのようなことだったのであろうか。

特定の学統における学問の継承とか、その中において許容される革新とかいうことになると、現代の科学的な世界の常識といちおう絶縁して、独自に考えてみないとわからないところがしばしばある。右の問題についていうならば、以呂波で部立てをした字書というのは、これが最初であったから、そのこと自体に関しては、師説などによる制約がすでに存在したわけではない。したがって、ここに検討する必要があるとしたら、それは、以呂波そのものが、どれほどの権威を持つものとして評価されていたかということだけであろう。

これについては、例の空海作という権威づけとの関係がある。しかし、この場合、橘忠兼が、お大師様の御作をいささかも崩してはならないという考え方をしたとは考えにくいから、その点は考慮に入れないでよさそうである。

音韻変化と表記の変化

二種類の仮名で表わされていた音節の発音が合流してしまえば、それらの仮名の間に交用の現象があらわれるのは当然である。それだからこそ、われわれは、逆に、文献資料にあらわれた表記の揺れと、その揺れのあらわれかたとを手がかりにして、発音の合流した過程を知ることが可能なのである。しかし、一般に、そのような変化がことばのうえに起こると、それまで別々の価値で使い分けられていた仮名が、ただちに等価になってしまい、自由な互換性を持って使用されるようになる、というわけではない。表記にはそれなりの自律性（autonomy）があるからである。

文部省編の「現代かなづかいの要領」によると、つぎのうちの(1)・(2)は、本則に合わないだけで誤りではないのに対し、(3)は、明確に誤りであると規定されている。

東京え、行く。……(1)　　私わ、学生だ。……(2)　　本お、読む。……(3)

すし屋に行くと「いろは寿司賛江」などと書いた七福神の額がかけられていたりする。この場合の「江」は、普通「へ」と書かれる格助詞である。こういう使い方には、すでにある程度の伝統ができあがってしまっているので、現代かなづかいとして、やむをえず許容したということなのであろうか。おなじく格助詞の一つであっても、(3)については、「お」の仮名を用いて書かれた文献が歴史的に見てもきわめて少ない。したがってまた、右の「賛江」に似たような社会的習慣があったという形跡も見あたらない。そういうことで、「お」の使用がはっきり否定されたのかもしれない。ただし、もしそうだとしたら、(2)についても同じ処置がとられてよさそうであるが、なぜ「わ」が許容されることになったのかよくわからない。

仮名の字母の種類という点からいえば、「へ」「は」であろうと「え」「わ」であろ

うと、いっこうに関係がない。ところが、ここに、

旧かなづかいのゐ、ゑ、をは、今後い、え、おと書く。ただし、助詞「を」は、もとのままとする。

というただし書きが一条くわえられたことによって、助詞［o］を表記するための専用の仮名として、「を」が五十音図の中に残されることになったのであるから、このただし書きは相当に大きな意味を持っている。

　以呂波の場合にも、早い段階から――ことによるとその成立当初から――、「を」「お」だけが同音であり、また、それと大きく時を隔てた現代かなづかいでも、これら二つの仮名がまったく同じ関係になっているところがおもしろい。これは、ただおもしろいめぐり合わせというだけのことにすぎないのであろうか。あるいはまた、その背後に、もっと深い意味でのおもしろさがひそんでいるのであろうか。

「を」と「お」との関係

「お」はその前に子音を伴わない単独母音であり、和語では一つの単位の中に母音の

連続を許容しないので、その分布は語頭だけに限られていた。それが o>wo という変化によって「を」に合流したので、それまで「お」で書かれていたものが「を」でも書かれるようになり、一方では、もとから「を」であったものまでを、しばしば「お」と表記する傾向が生じてきた。

『色葉字類抄』の編纂が着手される二年前の康治元年（一一四二）に、僧西念が『極楽願往生歌』を作っている。これは、ちょうど源順の「あめつちの歌、四十八首」と同じ方式で、つぎのように、以呂波のそれぞれの仮名を、和歌の最初と最後とに置いて作ったものである。

イロイロノ花ヲ摘《ツ》ミテハ　西方ノ弥陀《ミダ》ニ供《ソナ》ヘテツユノ身《ミ》ヲ悔《ク》イ
ロクロクニメグリアフトモ　法《ノリ》ノ道《ミチ》　絶《タ》エデ行《オコ》ナヘ　釈迦《サカ》ノコノゴロ
ハカナシヤ　此《コ》ノ世《ヨ》ノコトヲイソグトテ　御《ミ》法《ノリ》ノ道《ミチ》ヲ知《シ》ラヌ我《ワ》ガ身《ミ》ハ

最後に「別和歌」一首を添えて、四十八首から成っている。この文献における「ヲ」と「オ」との分布を調べてみると、「ヲト（音）」「ヲキテ（起）」「ヲク（置）」「ヲソレ（恐）」「ヲロカ（愚）」というように、古い時期に「オ」で書かれていたもののほとんどが「ヲ」で表記されている。「オ」が当てられているのは三語だけで、そのうちの一つ「オコナフ」は、もう一箇所で「ヲコナフ」になっており、揺れを見せている。「オホゾラ」は古用に一致しているが、「オホ」という接頭語を含む語がほかに用いられていないので、そういう形を持つ語が「オ」で書かれる傾向にあったのかどうかはわからない。もう一語は「オモフ」であるが、これは十一例がすべてそのように表記されていて、「ヲモフ」は一つも見いだされない。軌範として明示的に設定された仮名づかいとは意味あいが違うが、一種の固定した綴りが自然に成立していたことを、この事実は物語っている。頻用度の高い語について、視覚的な弁別を容易にしておく必要があったところから、このような表記の慣行が自然にできあがっていたのであろう。

そういう代表的な例の一つが助詞の［wo］であって、この文献でもやはり「ヲ」で一貫されており、語句の切れ目をそれによって明示するという機能をはたしているが、その中にあって、つぎの一つだけが例外になっている。

オモヒデモナキフルサトゾ　釈迦弥陀《サカミダ》モ此度《コタビ》ナ見セソノルノスミカオ

「オ」で始まって「オ」で終るという制約があってのことであるが、「お」と「を」とがまったく別種の仮名であると認識されていたなら、こういう互用は許されなかったであろう。助詞を「ヲ」と書く習慣は確立されていても、「ヲ」と「オ」とは、結局、根底において通じているのだという認識があったからこそ、こういう無理もきいたのである。

結局、西念ないしその当時の人びとにとっては、これら二つの仮名が、ある面でたがいに独立であり、また、他の面で、同一の仮名の異字体の関係にあるという、両面性をもって用いられていたと考えるべきである。

「遠《ヲ》」部と「於《オ》」部との区別

さて、このような状況のもとで、橘忠兼は、これら二つの仮名をどのように取り扱っているであろうか。

さきに指摘したとおり、『色葉字類抄』では「遠」部と「於」部とが別個に設けられており、それぞれの収録語彙の間には重複が認められないから、それらが、なんらかの基準で分類されていることは、おそらく疑いない。そして、字書が、検索されることを前提として編纂されるものである以上、その基準は、きわめて簡単な原理によっていると考えられる。

その分類原理を明らかにしたのは大野晋である。その発見の動機や経緯については次章にゆずることにして、ここに必要な事柄だけをいっておくならば、それらは、当時のアクセントをもとに、つぎのように分類されているということなのである。

遠部——語頭音節が高く始まる語　　　於部——語頭音節が低く始まる語

これならば、実際に検索する場合、その語を口に出してみて、

置く［woku］●○ → 遠部　　奥［woku］○○ → 於部

というようにして判別できるから、どちらを引けばよいのかと迷うことはない。もちろん、当時における京都アクセントがその基準である。

さきに指摘したとおり、「を」「お」に限っては、十世紀までの用法と比較した場合、あるものは一致し、また、あるものは一致しないという状態で、まちまちである。古くは［wo］と［o］との違いで区別されていたこれらの二つの仮名を、［●］

と［○］との違いで区別しているわけであるから、一致しても一致しなくても、いずれにせよ偶然なのであるが、現今のわれわれにはそれが表記の混乱として印象づけられるということなのである。

［●］と［○］とによる分類という新しい方式を導入することによって、以呂波四十七字は、そのすべてが発音の違いで区別できるようになった。

下位分類の問題

序文によると、以呂波の各字に「詞条の初言」を対応させて、全体を四十七篇とし、それぞれの篇の中に、さらに部を立てたということが述べられている。その構成は、つぎのとおりになっている。

天象　地儀　植物　動物　人倫　人体　人事　飲食　雑物　光彩　方角
員数　辞字　重点　畳字　諸社　諸寺　国郡　官職　姓氏　名字

たしかに、部立てをしなければ、求める項目がどこにあるのか、さがせたものではないから、これは必要な処置であるが、ここにも問題がないわけではない。

まず、語頭音節を基準にして全体を大きく分け、そのつぎに意味の範疇に従って細かく類別するというのは、これもやはり橘忠兼による独創である。われわれが、いま、この字書を検索してみても、そういう分類原理をたよりに目的の語に行きつくことができるのであるから、実用上、便利な工夫には相違ない。しかし、一つの辞書に、二つの異なる分類原理を用いるというのは、一般論からいっても、あまり望ましいことではない。発音引きということなら、どうして発音引きだけで一貫しなかったのであろうか。

この字書を発音引きで一貫するということは、具体的にいうと、語頭音節だけではなく、それ以下に立つ音節をも以呂波順に排列するという意味である。たとえば「はと（鳩）」なら、まず、「いろはにほへと」の「は」で「波」の部を開き、つぎには「いろはにほへと」の「と」で、そのあたりと見当を付けて引けるようになっている方がよい。

辞書というものは、もちろん、使いこんでゆくうちに、約束事が身に付いて判断も反射的になってくるから、この『色葉字類抄』のような分類方式でも、さしてわずらわしいことはないかもしれないが、ともかく、目的の「鳩」にたどりつくまでに、つぎの過程が必要である。

「はと」の「詞条の初言」は？ ↓ 「いろはにほへと」 ↓ 「波」部
「はと」の所属部門は？ ↓ 「動物」門
「動物」門の所在は？ ↓ 「天象」「地儀」「植物」「動物」「人倫」「人体」……
「動物」門の中で「はと」はどこに？

「天象」「地儀」に始まる二十一部門の排列は、「色は匂へど散りぬるを」のように、文脈を頼りにおぼえこみ、また思い出すことができないから、ある程度、厄介であるが、それは使いこなすことにしても、ことばによっては、どの部門をさがしたらよいのか、考えこまなければならない場合がある。編纂する側に立てば、たとえば、「こころ（心）」は「人体」門以外に置きようがないかもしれないが、それを引く立場でも、すぐにわかるかどうかということは、また別だからである。本来、意味の分野が複雑に構成されている以上、部立てをどのように工夫したところで、こういう問題は最終的に回避できないから、分類する際にいささかでも迷いがあれば、それがそのまま検索する際の迷いにつながってしまう。

発音引きの徹底

まず「詞条の初言」をもとに全体を「四十七篇」とし、さらにそれらを以呂波順に排列するという方式を考えついたのなら、どうして、その自然な延長として、詞条の次言、次々言にも着目しなかったのであろうか。

一般的にいって、あとになって考えれば、そうするのが当然というような事柄であっても、実際にそれに思い至るには、さらに新しいひらめきが必要である。ここもまた、そういう場合の一つであったといえないことはなさそうに見える。しかし、もし、橘忠兼がそのことに思いつき、それを実行しようと考えたとしても、すぐにつまずいてしまったであろうことは確実である。

現行の国語辞典でそういう方式をとっているのであるから、平安時代の日本語についてもできなかったはずがないという根拠が、われわれの脳裡にあるとしたら、それは錯覚である。国語辞典は発音引きではない。[o:kami] という発音をもとに、直線的に「狼」に到達することはできないし、[tsuzuku] という発音を唯一の手がかりにして、「続く」をさがすこともできないからである。これら二つの例だけからも明らかなように、国語辞典は発音引きになっているわけではなく、「おおかみ」「つづく」というそれぞれの綴り、すなわち、仮名づかいに基づいて検索する方式になっている。仮名は表音文字であると規定してしまうところから、こういう錯覚が生まれてくる。英語の綴りを知らなければ、[nait] という発音だけから、night も knight もさがしようがないということと、原理的には同じであって、ただ、それほど極端ではないというだけのことにすぎない。英語では、第一字めからこういう問題があるが、現代日本語の場合、最初の仮名だけは、音節ときれいに対応しているので、発音引きになっているような錯覚がいよいよ助長されることにもなっている。

十二世紀後半には、まだ軌範的な仮名づかいが成立していなかったから、現行の国語辞典とは条件がまったく違っている。したがって、次言以下についても発音をもとにして詞条を排列した場合、どういうことになったかを考えるためには、その位置において、当時の発音と仮名との対応関係が、どのような状態を呈していたかについて見てみることが必要である。

語頭以外のハ行音

ほぼ、十世紀後半から十一世紀にかけて、語頭以外に立って母音間に挟まれたハ行子音 [ɸ] は、いっせいに有声音化を起こして、ワ行子音 [w] に移行し、もとからワ行音であったものと同じ発音になった。そして、そのあとの時期になって、さらに

［wi］と［we］とが、それぞれ［i］、［je］に変化した。

語頭以外の音節を襲ったこれら一連の音韻変化は、それ以前までかなり整然と保たれていたところの、音節と仮名との対応関係に、大きなひずみを生じさせる原因になった。

こういう変化が生じていたことを裏付ける一つの例として、『平家物語』（巻四・鵺《ぬえ》）につぎのような話が見えている。

源頼政は、武士として保元・平治の戦乱に大活躍したにもかかわらず、これといった恩賞にもあずからず、老年に達してから、ようやく正四位下をたまわって昇殿を許された。これは、殿上人としての最下位に当たる。頼政はそれに満足できず、つぎの和歌を詠んで二位に昇進したというのである。

　　のぼるべきたよりなき身は　木《こ》の下《もと》にしゐを拾ひて世を渡るかな

木の上にのぼって取る方法がないので、木の下で椎の実を拾ってくらしていることだ、という意味の裏に、昇進するあてもない我が身は、どうにもならず、四位という低い身分をあてがわれてくらしているということをひびかせたもので、「椎」に「四位」がかけられている。もとの発音でいえば「椎」は［siφi］であり、「四位」は［siwi］であったから、それぞれ「しひ」「しゐ」と表記されていたが、「椎」の方にsiφi＞siwiという語形変化が生じたために、これら二つの語の発音が同じになって、こういうかけことばが可能になったのである。

実をいえば、「椎」が［siφi］から［siwi］に移行したとたんに、その表記も「しゐ」になってしまったわけではなく、たとえば『色葉字類抄』でもこの語は「シヒ」と表記されている。しかし、その綴りが、動かせないものとして固定していたとしたら、頼政がかりにそのように表現してみても、その意図どおりに理解されることが難しいので、「しゐをひろひて」という修辞は成立しにくかったはずである。

「椎」という語の発音が、siφi＞siwi＞siiという変化を起こしたのとちょうど並行して、「恋」という語もまた、koφi＞kowi＞koiと語形を変えていたはずである。しかし、この語の表記を追跡していっても、そういう変化を起こした形跡は認められない。これよりずっとあとの時期になってもなお、「恋」という語の表記は「こひ」という形で安定しており、それを「こゐ」とか「こい」とか書いた例は、まず、見いだせないのである。おそらく、和歌に頻用される語であったために、伝統的な表記が保持されたのであろう。表記された形が一定していれば、仮名文の中から、この語を視覚的に容易に抽出することができたから——、あるいは、それが一定していないと、その語として判別しにくかったから——、である。意図的にそのように規制されないでも、実用上の要請から、自然にそうなったまでのことである。本来ハ行に活用した動詞の語尾は、その後もハ行の仮名で書かれるのが普通であったし、また、活用語以外でも「こゑ（声）」などは、発音が変化したにもかかわらず、もとどおりの表記をほとんどくずしていない。

なかには、音韻変化の結果、新しい表記をとり、その形で綴りが安定したものもある。「故」は、もと［juwe］であったから「ゆゑ」と表記されていた。十世紀以降-ɸ-＞-w-という変化を生じても、この語の発音そのものは、もちろん［juwe］のままであった。しかし、一方には「上」が［uɸe］から［uwe］に変化しても「うへ」という表記を保持しているような例があり、［uwe］が「うへ」なら［juwe］も「ゆへ」だという類推を生じて、そのように書かれる習慣が成立していった。その後、さらに juwe＞juje という変化が起こったが、表記のうえでは「ゆへ」のままにほぼ安定している。「うゑて（植）」「すゑて（据）」なども、それに並行して、やはり、「うへて」「すへて」の形で安定している。

このような例から知られるとおり、音韻論的に同一の環境に置かれているもので

るそとになった。も、いろいろの条件が加わって、表記のうえでは必ずしも同じ行動をとっていない。したがって、右の変化が生じたあとは、音節と仮名との対応関係が複雑な様相を呈す

平仮名と比較すると、片仮名の場合には、漢字に密着し、それに寄りかかって用いられるのが本来であったために、語の外形を視覚的に定着しておく必要がなく、したがって、発音の変化に順応して、表記もかなり流動的であった。しかし、そういう状態の中にあっても、やはりそれなりに固定化の方向をとっており、右にあげた諸語などにおいては、平仮名の場合とほとんどかわらない傾向を見せている。一見して表記が不安定のような印象を受ける語についても、実際に調べてみれば、音韻変化の結果として可能になった表記のゆれの、その幅いっぱいに無秩序にゆれているような語は、事実上、ないに等しい。文字が社会的な通達手段である以上、それぞれの語が、それなりに一定の表記に保たれるのは、当然のなりゆきなのである。概していうならば、頻用度と安定度とは、ほぼ比例する関係にあると見てよいようである。

詞条の次言以下についても発音の差に基づく以呂波順という方式を採用することは、すくなくとも和語に関するかぎり、技術的に可能であった。ただし、もしその方法をとると、ハ行の五つの仮名と「ゐ」「ゑ」とを用いないことになるので、仮名の

数は七つ減少して四十になるが、それでも、特別の支障をきたすことはなかったであろう。語頭以外においても四十七字を使いきらなければならない理由はないからである。しかし、そういう方式に従って見慣れない表記をどんどん作り出していったとしたら、それらの中には、とうていそのことばと思えないほど心理的抵抗の大きいものが、必ずできてしまったはずである。

表記の軌範が明示的に設定されていなかったことは、それぞれの語の表記をどのようにに変えてもよかったということではない。したがって『色葉字類抄』が完全な発音引きになっていないのは、その編纂者がそういう方式に思い付かなかったことを、ただちに意味するものでもない。仮名づかいの軌範が設定され、そしてそれが社会的に確立されないかぎり、語頭以外の音節まで一定順序に排列するのは、無謀な試みだったのである。

『色葉字類抄』から『節用集』へ

語頭音節を以呂波によって類別するということが、考えうる唯一の方式でなかったとするならば、橘忠兼にとって、それは一つの選択であった。しかし、それ以後の字書編纂者たちにとっては、発音引きにするかどうかまでが選択であって、いったん発音引きによると決めた以上、以呂波分類が、事実上、唯一の方式になったといってよい。室町時代に『温故知新書』という五十音引きの字書が編纂されているが、それがそのまま新しい伝統を作り出すことにはならなかった。

三巻本『色葉字類抄』は、鎌倉時代になって、換骨奪胎ともいうべき大改訂が施されて学問的な香気を失い、十巻本『伊呂波字類抄』という実用字書に変貌した。さらに、室町時代中期以降、さまざまな種類の『節用集』が陸続と編纂されている。『節用集』というのは、おおむね、日用の通俗字書であって、それらにおいても、やはり、語頭音節の発音によって全体を分類したうえで、それぞれの内部に部立てをするという、『色葉字類抄』によって創始された方式が継承されている。

『色葉字類抄』の編纂された十二世紀においては、四十七種の仮名を語頭に据えて、それらのすべてを発音で区別することが可能であった。ところが、十三世紀のなかばごろ、語頭においても wi>i, we>je という変化が生じたために、語頭音節が二種類減少した。さらにまた、十四世紀になって、日本語のアクセント体系に大変動が起こったために、語頭音節の［wo］を高低の違いによって「を」と「お」とに書き分けるという方式が、その変動の進行しつつある過渡期に、実用上の意味を失って、その時期を境に放棄されてしまい、もう一度アクセント体系が安定してからも復活されることがなかった。したがって『節用集』諸本のほとんどは、「ゐ」「お」「ゑ」を欠いて四十四部として編成されている。なかには、次章に述べる定家仮名遣を基準にしてそれらの仮名を書き分け、四十七部にした易林本『節用集』のようなものもあるが、主流から離れている。それは、表記の軌範についてあらかじめ知識を身につけていなければ引くことができないという点において、現今の古語辞典のようなものであるから、他の諸本よりも使いにくかったはずである。

一方、中世になって、以呂波四十七字のうしろに「京」の字が加えられるということが、しだいに一般化してきた。そのもっとも古い例は、弘安十年（一二八七）に了尊のあらわした『悉曇《しったん》輪略図抄』に見いだされる。それによって、以呂波は四十八字になった。『節用集』諸本の多くは末尾に「京」の部を設け、そこに京都の地名などを集めている。それらのなかには、「伊」から「京」までという意味で、『伊京集』という名を持つ一本もある。「京」という特定の文字が加えられたことについては、なにか事情がなければならないはずであるが、これまでのところ、納得できるだけの説明は与えられていない。

以呂波順

橘忠兼の独創ということを本章において強調したが、それに関して、付け加えておかなければならないことがある。

三善為康の『掌中歴』で、保延五年（一一三九）の部分に、人名が以呂波順に並べられているという事実が指摘されているし、また、心覚（一一八二年没）の『多羅葉記』は、以呂波順に排列した梵語（サンスクリット語）辞書として知られている。そうなると、独創ということも、手放しには言いにくくなってくる。『多羅葉記』はともかく、すくなくとも三善為康の方は、『色葉字類抄』の編纂が着手されたという天養（一一四四）より五年も早く、同じようなことを行なっているわけであるから、先取権をその方に譲らなければならないであろう。もちろん、可能性のレヴェルで論じるなら、文献資料のうえでそういう表われかたをしていても、ほんとうの影響関係ということになれば、逆なのかもしれない。たがいに、まったく独自に以呂波順を思いついたということもありうるであろう。もちろん、そこに心覚を加えるとしても、筋道のうえで変わりはない。

この字書が、個人の努力の結晶であり、同時にまた、その時代の文化の所産であるということをさきに強調しておいたが、以下に述べるところによって、あらためて、その事実を確認しておきたい。

以呂波というものを知りさえすれば、それを物事の順序だてに応用しようということぐらい、すぐに思いつくことだといってよい。時代はずっとくだるが、「いノ一番」という方式による座席のきめ方にしても、あるいは、江戸の町火消の「い組」「ろ組」といった編成のしかたにしても、それらをいちいち独創的といっていたら際限がない。

ここに、われわれは、橘忠兼を天才に仕立て上げる必要はない。評価すべきは、具体的に、発音引きの字書を作るという課題を前にして、以呂波による方式を選んだということなのである。それはかれの創案であり、また、実際に、たいへん効果的な方式でもあった。[wo] で始まる語が、かりに全部で数十項目程度しかないというような条件であれば、語頭音節の高低による分類など、無意味という以上に、不都合である。もし、そういう状況のもとにこれを行なっていたとしたら、それは独創的どころか不見識といわざるをえない処置である。「を」と「お」とだけをなんとか工夫して区別すれば、四十七字の全部の仮名に項目を割り振ることができるというようなことが、この方式を採用した動機であったとしたら、まことにつまらないことといわなければならない。それは、もはや類別のための類別であって、生きた字書づくりではない。ところが、この類別の原理は、従来、それを適用することによってもたらされる実際的効用を考慮に入れることなしに、原理それ自体として論じられ、また評価もされてきたのである。筆者自身、かつてそのような含みでこの問題をとらえた論文を公表したことがある。まことに浅慮の逸失であった。

『色葉字類抄』においては、語頭の［wo］を高低の別によって「ヲ」「オ」の二類に書き分けているが、その書き分けの原理を語頭以外の［wo］にまで及ぼしていない。その分布を調べてみると、音韻変化の結果を反映して、「ヲ」が大半を占めている。もちろん、そういう位置に立つ［wo］についても、高低による書き分けは可能であり、また容易でもあったが、それを実行していないのは、たとえそれを行なったとしても、この字書の編纂や検索のうえで、なんの効用も期待できなかったからである。この書き分けは項目を分類するために設定された基準であって、次章以下に述べるところの仮名づかいとは動機をまったく異にしているのである。

素材としての以呂波が、まだ仏門を出ていなかったら、『色葉字類抄』が編纂されることはありえなかった。そういう単純な意味においても、この字書は、まさにその時代の所産に相違ない。しかしまた、かりに以呂波がそれより百年まえに流布していたとしても、ただそれだけでは、やはり『色葉字類抄』が生まれることはなかったであろう。こういう字書を要求する気運が社会的に高まり、一方に以呂波が現われ、そして、橘忠兼という人物が出て、それを結び付けるための触媒の役割を果たすことによって、この字書が生み出されたということなのである。橘忠兼という触媒の介在によって、反応が促進されたことは事実である。しかし、そのときにその反応が起こらなかったとしても――、すなわち、橘忠兼という人物がその役割を果たさなかったとしても――、まもなく別の触媒があらわれて、この反応を実現させたであろうこともまた、確実であるといってよい。いずれにせよ、その気運は十分に熟成していたからである。文化史において個人の果たす役割というのは、本来、そういったものなのかもしれない。

第七章　『下官集』と藤原定家

『下官集』

『下官集』または『下官抄』という名称で知られる、ごく薄い本がある。本来、そういう書名は付されていなかったが、本文の中で、つぎのように、著者がみずからをさして「下官」と呼んでいることから、それを書名にしてしまったものである。

下官付ク二此説ニ一　下官用キルレ之ヲ　下官存スレ之ヲ

「下官」とは、本来、下級の役人という意味で、官職にある人が、みずからをへりくだって用いる一人称である。藤原定家（一一六二～一二四一）の作という伝えがあるだけで、著者の名はどこにも記されていない。大野晋によると、その原題は「僻案」であるという。

この文献の内容は、歌集や物語などの「草子」を書写するうえで必要とされる実際的な心得を集めた作法書である。文永三年（一二六六）本・定家本・弘安七年（一二八四）本という三つの系統がある。ただし、定家本といっても、定家自筆本ではなく、後世になって転写された本である。以下、それら諸本間に認められる細部的な異同にはこだわらず、大きな違いだけを、その都度、指摘してゆくことにする。なお『下官集』は、これまで、もっぱら仮名づかいの書と見なされ、その点だけに着目して論じられてきたが、もう少し広い視野から眺める必要のあることが、本章における考察によって明らかになるであろう。

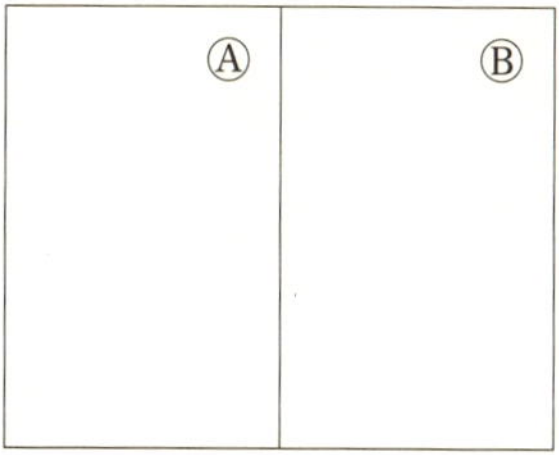

書始草子事

「草子」を書写するうえでの実際的な作法書にふさわしく、まずはじめにあるのは「草子を書き始むる事（書始草子事）」、すなわち、どこの部分から筆をおろすかということについての一条である。

　上図のような見開きの、その右の半分を白紙のままに残してⒶの位置から書き始めるのと、Ⓑの位置から書き始めるのと二つの方式があり、「旧き女房」も先学の歌学者たちも、もっぱら前者によっているが、藤原伊房卿は後者によっており、「下官」もこの説に従うと述べられている。そうしないと、右半分の白紙が「徒然」でどうにもならないからで、漢文の版本の草子に見られる形式を模したものであるという。おそらく、ここにいう「下官」なる人物もまた、より早い段階においては、伝統的なⒶ方式にそのまま従って「草子」を書写していて、ある時期以後になってからⒷ方式に切り換えたということなのであろう。したがって、これは、この『下官集』が、だれによるいつごろの著作であるかを推定するための手がかりになりうるはずである。

嫌文字事

どの部分から書き始めたらよいのかがわかったら、そのつぎに大切なのは表記のしかたである。そこで、第二条として「文字を嫌《きら》ふ事（嫌文字事）」が立てられている。「嫌ふ」とは、ある範囲の中から、不適当なものを排除するという意味であり、したがって「文字を嫌ふ事」とは、仮名づかいをさしている。ちなみに「嫌」という字を「うたがふ」と読むむきもあるが、「きらふ」のままで意味が通じるので、ここはそのように読んでおきたい。

はじめに、なぜそういうことが必要なのかという趣旨が、漢文体で記されている。

つぎに示すのは、その読み下しである。

一、文字ヲ嫌フ事

他人ハ撫ジテ然ラ不《ズ》。又、先達モ強《アナガチ》ニ（強《シ》ヒテ）此ノ事無シ。只、愚意分別之《ノ》極《イミ》ジキ僻事《ヒガコト》也。親疎老少、一人トシテ同心之《ノ》人ナシ。最モ道理ト謂《イ》フ可《ベ》シ。況《イハ》ンヤ且《マタ》、当世之《ノ》人ノ書ク所ノ文字之《ノ》狼藉、古人之《ノ》用ヰ来タレル所ヲ過《アヤマ》ツ。心中之《コレ》ヲ恨ム。

ほかの人たちは、こういうことに関心を持たないし、また、この道の先達も、それについては、特別のことを言っていない。ただ、自分かってに考え出した、とんでもない心得ちがいのことである。だれ一人として、同じ考えの人がいないのも無理はない。しかし、このごろの人たちの文字の書き方はでたらめ至極で、昔からの用法に外れている。そのことをひそかに残念に思う。

おおよそ、こういったところであろう。もちろん、心得ちがい云々が本心のはずはない。

「此事」の内容

ここで「下官」は、いったいどういう事柄をさして「此の事」と言っているのであろうか。それを正しくとらえることは非常に重要であり、また、そのためには細心の解釈が必要である。

「此の事」というのは、直接には、そのあとに具体例をもって示されたところの、仮名の用字法をさしている。しかし、もしほかの人が考えたとしたら、これとまったく同じになるはずもない。定家がほんとうに言いたかったのは、そこにあげた、文字どおりのこのことというよりも、たとえば、このようなことだったのである。このようなこととは、すなわち「草子」を書写する際に、仮名の綴りに一定の約束事を設けてみんながそれを守り、だれの書写した「草子」でも、ほかの人たちが正しくそれを理解できるようにしよう、ということにほかならない。「此の事」とは、みんなが共通の約束事として守るべき仮名の綴りをさしているのである。先学がそれを示していないから、自分が作るほかはない。そこで、このように定めてみたというのが、そのあとに続く具体例である。まずその内容を見てみよう。

文永本と定家本とは、本文がたがいに近く、また弘安本には大幅な増補がなされている。ここには、文永本の形を示す。ただし、誤写と認められる形は他本によって訂正する。

①　緒の音　を　ちりぬるを書レク之ヲ仍《ヨ》ツテ欲《オモ》レフ用レキント之ヲ

をみなへし　をとは山　をくら山　玉のを　をさゝ*　をたえのはし　をくつゆ

てにをはの詞のをの字

*弘安本には「をさゝ」がない。

②　尾之音　お　うゐのおくやま書レク之ヲ故也

おく山　おほかた　おもふ　おしむ　おとろく　おきのは　おのへの松　花をおる　おりふし

③　え

枝梅かえ　ほつえ　松かえ　しつえ　たちえ　江　笛《ふえ》　断《たえ》　消《きえ》　越《こえ》　きこえ　見え　風さえて　かえての木　えやはいふきの

近代人、多クふるとかく　古人所レノ詠メル歌、あしまよふえを、以レテ之ヲ可レシ為レ証ト

④　へ

うへのきぬ　不堪《たへす》通用常事　しろたへ　草木をうへをく裁也　としをへて　まへうしろ

ことのゆへ　栢《かへ》　やへさくら　けふこゝのへに　さなへ　とへ同答　こたへて
おもへは

⑤　ゐ

すゐ　ゆくゐ　こゐ　こすゐ　絵　衛士　ゐのこ　詠《ゑい》朗詠　産穢《ゑ》　垣下座《ゑんかのさ》
ものゐんし怨也

⑥　ひ

こひ　おもひ　かひもなく　いひしらぬ　あひ見ぬ　まひこと　うひこと
おひぬれは《おいぬれば》又常事也　いさよひの月但此字、歌之秀句之時皆通用

⑦　ゐ

藍《あゐ》　つゐに遂に色にそいてぬへき　池のいゐ　よゐのま

⑧　い

にしのたい　天かい
右、此ノ事ハ非二ズ師説一ニ、只、発《オコ》レル自《ヨリ》二愚意一、見二テ旧キ草子一ヲ了二見ス之一ヲ

弘安本では、このあとに「ほ」「ふ」の両類のほか、「神なび《み》」「うかべ《め》る涙」「なず《ぞ》らへ」など雑多なものが、いくらか追加されているが、以下の考察には大筋

のうえで関係がない。

見旧草子了見之

以上に列挙して示したところは、自分ひとりのかってな考えにすぎない。古い草子を見て、こういうことがわかったのだ、と最後にことわりがある。前言のことばを当てはめるなら、ここに示したのが、すなわち「古人の用ゐ来たれる所」にそった書き方なのだということである。

いったい、「旧き草子」とは、いつごろの時期に書かれたものをさしているのであろうか。

かえ(へ)ての木　草木をうへ(ゑ)をく　ことのゆへ(ゑ)　おひ(い)ぬれは　よゐ(ひ)のま

というように、ハ行、ワ行、ヤ行の仮名の一部に、十世紀以前の用法に合わない例が含まれているところからみて、平安時代、十一世紀後半から十二世紀にかけてのものかと考えられる。前章に述べたとおり、その当時には、ここに示されたような書き方が普通であった。

このごろの人たちが「笛」をたいてい「ふゑ」と書くが、古人の和歌に「あしまよふえ」とあるから、「ふえ」と書くべきだと述べているのは、つぎの和歌のことである。

整《ととのふ》（＝人名）、かれがたになり侍りにければ、とどめ置きたる笛《ふえ》を遣《つか》はすとて

濁りゆく水には影の見えばこそ　あしまよふえをとどめても見め

〔後撰和歌集・恋六〕

「葦まよふ江」の中にこの語が隠されているから、「笛」は「ふえ」だというのである。この場合の「旧き草子」とは、古く書写された写本ではなく、古く成立した作品をさしている。

正しい典拠を「旧き草子」に求め、そのうえ「ふえ」の場合のように、いわば理論的根拠までも持ちこんだにもかかわらず、なおかつ、少なからず後世の乱れた表記を取り入れる結果になってしまったのは、実際に見ることのできた「旧き草子」が、そ

れほど古くなかったためであると、いちおうは考えられる。しかし、そのように単純に片付けてしまうのは危険である。たとえば「笛」とか「楓」とかいう名詞のたぐいであれば、『和名類聚抄』（九三四年ごろ成立）によって、つぎのように、それぞれ「ふえ（布江）」「かへで（賀倍天）」であったことが確認できる。

横笛　律書楽図云、横笛音敵、和名与古布江、今人唐楽所用謂之横笛……（巻四・雑芸具）
雞冠木　楊氏漢語抄云、雞冠木賀倍天乃木、弁色立成云・鶏頭樹加比留提乃木、今案是一木名也（巻二十・木類）

平安時代の信頼できる文献といえば、『和名類聚抄』などは、まず最初にあげるべきものであるし、『色葉字類抄』の依拠した、もっとも重要な典拠の一つでもあった。もし、定家が復古主義の立場をとっているとしたら、こういうものも調べずに、もっとあやふやな根拠に基づいて、右のような軌範を設定したことは、大いに問題である。しかし、はたして、定家の姿勢は復古主義として性格づけるべきものなのであろうか。

この疑問についての正しい答えを得ようとするならば、われわれは、まず、ここに示されたもろもろの軌範が、どのような目的のために必要とされたのか、という観点から考えてみなければならない。

「を」「お」の書き分け

『下官集』のこの部分で取り上げられているのは、文永本・定家本についていうと、つぎの三群、八類の仮名の使い分けである。弘安本では、これらのほかに一群、二類が追補されているが、それを考慮に入れても問題そのものとしては同じことになる。

A群　を・お　　B群　え・へ・ゑ　　C群　ひ・ゐ・い

それぞれに配されている語の表記を、より古い時期の文献に見える表記と対比してみると、食い違いのあるものが散見するが、A群にそういう例がきわだっている。弘安本では、どの類についても語例が追補されて、それぞれ、文永本の二倍ないし三倍程度に増加しているが、各類における相違例の出現率は、文永本の場合とほぼ同様の傾向を示している。いま、特に問題になると思われるところのA群の状態を、弘安本によって見てみよう。

①　緒之音　を
合致例……をみなへし　をくら山　玉のを　をだえのはし　をのこ　を山田　をんな　をかのべ　てにをはの詞のを
相違例……をとは山　をく露　風のをと　をくる　人のをごる　をうな　をろか

②　尾之音　お
合致例……おく山　おほかた　おもふ　おどろく　おとろへ　おいらく　おなじ事　おづる　おこり　おび　おろそか　おくる　おきゐて　おりたつ　おふる
相違例……おしむ　おぎの葉　おのへの松　花をおる　おりふし　おとこ　おみの衣　おばな

「をく露」「おきゐて」という形で示されているのは、ただ「をく」「おく」とだけ記しておいたのでは、どういう語のつもりであるのか、判別できなくなるからである。

これを見ると、①②の両類ともに、一致例の方が相違例をうわまわっているものの、後者の比率が異常に高く、また、個別的にも「女」「男」が、それぞれ「をんな」「おとこ」となっていることなど、すなおにはわかりにくい。こういう結果になったことについては、なにかそれなりの理由があるに違いない。

高低による書き分け

さきに述べたとおり、『下官集』は藤原定家の作といわれてきている。そこで、大野晋は、この『下官集』に示された仮名づかいを、定家の自筆本、ないし自筆本に準じて取り扱うことのできる模写本などの用字とつき合わせ、わずかの例外を除いて、それらがほとんどそのままに一致していることを確かめた。そしてまた「を」と「お」との書き分けに限っては、平仮名の「草子」に見える表記を採用したのではなく、その当時のアクセントに基づいた区別であることを立証した（「仮名遣の起源について」）。

ここで私はこの「を」と「お」との使ひ分けの根拠を、当時のアクセントに求めようと試みた。結果は鮮明な対立がこの両者の間に見出された。即ち、「を」の仮名は当時上声（高く平らな調子）の「オ」の音節を、「お」の仮名は当時平声（低く平らな調子）の「オ」の音節を、書き表はすために定家が用ゐてゐるものである。

すなわち、藤原定家は、左のような基準によって、これら二つの仮名を使い分けているということなのである。この発見は、研究史上、まさに画期的と呼ぶにふさわしいものであった。

を――高く発音される［wo］　お――低く発音される［wo］

たとえば、古く「おと」と表記されていた「音」は『下官集』（弘安本）で「風のをと」となっており、また、定家自筆本でも、「をと」で一貫されている。また「驚く」は、古くから「おとろく」であり、『下官集』でも定家自筆本でも、「おとろく」と書かれている（写真）。これら両語のアクセントを『類聚名義抄』で調べてみると、つぎのようになっている。

定家自筆『古今和歌集』（秋上）

「秋立（つ）日（＝立秋の日に）よめる／藤原敏行朝臣／あきゝぬとめにはさやかに見えねども、風のをとにぞおどろかれぬる」。『下官集』の「風のをと」という項目は、この和歌によるか。「おとろく」も『下官集』に見える。

声　オト［●○］〔観智院本・仏中・一〕
驚　オドロク［○○●○］〔観智院本・僧中・一〇九〕

『色葉字類抄』における「遠」部と「於」部との類別基準がこれと同じになっているという事実は、この発見の延長として指摘されたものである。大野晋は、つぎのように考えている。

> 定家が依拠した文献が三巻本色葉字類抄であると断定することはもとより差控へるべきものであるが、この系統の辞書のいづれかに示唆を得たものではあるまいかといふ推定には、かなり大きい蓋然性があると思ふ。

緒之音・尾之音

「文字を嫌ふ事」の条において問題とされている八種の仮名のうち、「え」以下の六種は、「え」「へ」「ゑ」「ひ」「ゐ」「い」というように、それぞれの仮名が標目として最初に記されているだけであるのに対し、最初にあげられた「を」「お」の二種は、つぎのような形になっている。

緒之音　を　ちりぬるを書レク之ヲ仍《ヨ》ツテ欲《オモ》レフ用レキント之ヲ
尾之音　お　うゐのおくやま書レク之ヲ故也

「笛」という語の仮名表記として、「ふえ」「ふへ」「ふゑ」のうちのどれが正しいのかは、その発音を手がかりにしては決定できないから、個別的に典拠を求めるほかに方法がなかった。それに対して、ここに「緒之音」「尾之音」という表現がとられていることは、これら二つの仮名が発音上の区別をもって書き分けられるべきものであることを物語っている。

現代語の場合、たとえば「三日月」、「盃」を、それぞれ「みかずき」「みかづき」、「さかずき」「さかづき」の、どちらに書くのが正しいかが問題になるのは、同じ[zu]という発音の音節について、「ず」「づ」という、たがいに異なる複数の表記がありうるからである。一般に、たがいに発音の区別を持たない仮名を、なんらかの軌範を設けて使い分けるのが仮名づかいだと定義するとしたら、『下官集』に示された「を」と「お」との書き分けは、発音の違いに基づく区別であるから、仮名づかいと呼ぶのは適切でない。

ここに「をの音」「おの音」でなしに、それぞれに表意的な漢字を当てて「緒之音・を」「尾之音・お」と記されていることは、特に重要である。ことばの意味を生かして以呂波をとなえるとき、「散りぬるを」の「を」は高く発音され、「有為のおく山」の「お」は低く発音される。そして、その場合における「を」「お」の発音を、それぞれ一音節語の［wo］に引き当てるなら、

を［●］——高く発音される［wo］……例語、緒（＝ひも）
お［○］——低く発音される［wo］……例語、尾（＝しっぽ）

ということになるから、「散りぬるをノを」とか「有為のおく山ノお」とかいうめんどうな呼び方をしなくとも、簡単に「緒之音」「尾之音」と呼んでおけば、それですむことなのである。この書き分けの規則を適用して実際に「草子」を書写し、あるいは、その規則に従って書写された「草子」を読んだりする場合に、どちらがどちらかわからなくなれば、そのたびごとに「散りぬるを」とか「有為のおく山」とか言って確かめるまでもなく、「緒」「尾」と言ってみるだけで判別が付くから、実用上も、こ

の命名の方がより能率的である。ちなみに「緒」「尾」という二つの語のアクセントが、それぞれ［●］［○］であったことは、『色葉字類抄』において、両語の所属が「遠」部・雑物門、および「於」部・動物門となっていることや、『類聚名義抄』（観智院本）のアクセント表示がそのとおりになっていることによって裏付けられる。

現代東京語などのアクセント体系をもとに考えると、一音節語の高低は非常にとらえにくいように思われる。しかし、京都方言では、一音節語が長く引きのばして発音されるために、実質的には［●●］［○○］という形をとるので、識別は容易である。「散りぬるを」とか「有為のおく山」とかいう続きの中では短い［●］［○］であるが、母音が長くとも短くとも、音韻論的には区別がなかったと考えてよい。

書き分けの理由は？

ともに［wo］と発音されていた「を」「お」の二つの仮名を、藤原定家は、「草子」の中でなぜ書き分けようとしたのであろうか。「当世の人の書く所の文字の狼藉、古人の用ゐ来たれる所を過《あやま》つ」と、かれは慨嘆しているが、ここに示されたような原理による書き分けが、「古人の用ゐ来たれる所」をそのままに踏襲したものとは考えにくいし、また「旧き草子」がそのようになっているのを見て、ひとりでに「了見」したものでもなさそうに見える。

もし、ここにいうところの「旧き草子」の一つとして『色葉字類抄』の系統に属する字書を考えることが許されるとしたら、そこから、直接にこの原理を「了見」することが可能だったはずである。しかし、そのように説明してしまうことには、多少の勇気が必要であろう。「草子を書き始むる事」の条に、「漢字之摺本之草子」を模したという表現が見えているところからしても、「草子」が、歌集や物語などの仮名文学作品以外をもさしえたことは明らかであるが、そのような修飾語なしに、ただ「草子」とだけいえば、すくなくとも『下官集』に関する限り、仮名文学作品をさしているることもまた、同様に明らかだからである。なによりも、ここに集められた語句の素性が、その事実を如実に物語っている。

年代的に見ても、平安時代末期に成立した字書を、藤原定家が目にした可能性は否定できないし、それを見さえしたら、「遠」部と「於」部との収録語彙が、アクセントを基準にして分類されているということも、ただちに「了見」できたはずである。しかし、このような字書が『下官集』において、「旧き草子」と呼ばれていると考えるのは、いかにも不自然である。

以呂波の中にそれぞれ独立の位置が与えられている四十七の仮名は、たがいに区別して用いなければならないという条件が、もし、仮名づかいというものを設定するに際しての至上命令であったなら、発音上の区別などあろうとなかろうと――というよりも、発音上の区別がない仮名を書き分けることこそが仮名づかいなのであるから――、どのような原理を導入してでも、ともかく書き分けなければならない道理である。ただし、そういう動機づけによるものだとしたら、これは『色葉字類抄』の場合について前章に述べたところとちょうど同じように、ただ、仮名づかいのための仮名づかいになってしまう。定家がそういう融通のきかない姿勢で、独自の仮名づかいを設定しようとしたのなら、「一人として同心の人なし」という状態であったとしても、「もつとも道理と謂ふべし」といわざるをえないであろう。しかし、そのように断定するまえに、だれひとりそういうことに関心をいだかない状態の中にあって、かれだけが、どうして、こういう表記原理を確立することの必要を痛感し、そして、ここに示された約束ごとを作ったのかというところから、問題を解きほぐしていった方がよさそうである。

定家がこの時期に仮名づかいを制定しようとしたことについて、これまでは、つぎのような理由が考えられてきた。

仮名が成立した当初、仮名の種類と音節の種類との間に、きれいな対応関係が成立していた。しかし、十世紀後半になって[o]が[wo]に合流しはじめ、ついで、語頭以外のハ行音節が、いっせいにワ行音節に移行するに及んで、その対応関係に大きなひずみが生じてしまった。一方、以呂波が普及して、それが仮名の軌範であると見なされるようになり、四十七字の仮名をいかに書き分けるべきかということで、定家の仮名づかいが成立した。

要するに、音韻変化の累積によって、仮名づかいが必要になったということなのである。しかし、もしそのとおりであるとしたら、定家以前の人たちは、すでに不便きわまりない表記手段になりさがってしまっていた仮名を、辛抱づよく使いつづけていたことにならざるをえないし、かれと同時期の人たちも、その不便を、ただ甘受していたと考えざるをえないことになる。しかし、はたして、こういうことが実際にありうるであろうか。

文字は文化の所産であり、そして、その文化とあゆみをともにする伝達手段であるから、だれかが特別の工夫を加えなくとも、だんだん機能的に洗練されてゆくのが、普通のありかたであって、機能低下の方向をたどることは考えにくい。それ以上に重要なのは、右のような解釈のうえに立つならば、それを提唱したのが定家であったというのは、いわば偶然であって、他のだれでもよかったことになる点である。

定家は、日本語の表記の混乱を憂慮して、このきまりを作り上げたわけではなく、かれには、このようなきまりを切実に必要とする個人的な事情があったと考えた方がよさそうである。いいかえるなら、ほかならぬ定家がそれを提唱したということの意義を重視して考えてみようというということなのである。

定家の本文整定方針

ことに晩年になってから、定家は、おびただしい数にのぼる「草子」を書写しており、それらの多くが、あるいは自筆本としてそのままの形で伝えられ、あるいはさらに転写された写本として伝えられて、今日、高い評価を受けている。それらは、当時の伝本をただ写し取ったものではなく、解釈を加えて意味がとおるように本文を整定し、その学統の人たちによって写され、そして学ばれるための「証本」として作製されたものなのである。その整定作業がどのようになされたかを、具体的に知ることのできる文献が一つ、しかも、ただ一つだけあるので、それを見てみることにしよう。

紀貫之の『土左日記』は、自筆原本と推定されるものが、ずっと後世まで伝えられており、藤原定家、藤原為家、松木宗綱および三条西実隆の四人によって、別々に写されている。これらのうち現存するのは定家書写本だけで、為家書写本と実隆書写本

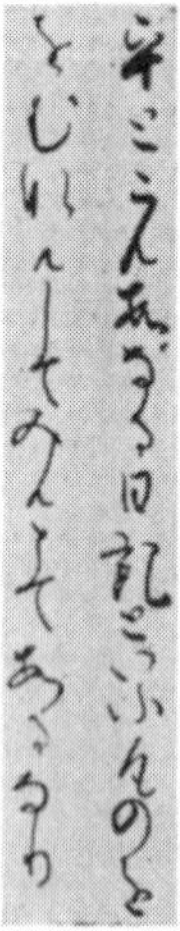
為家本

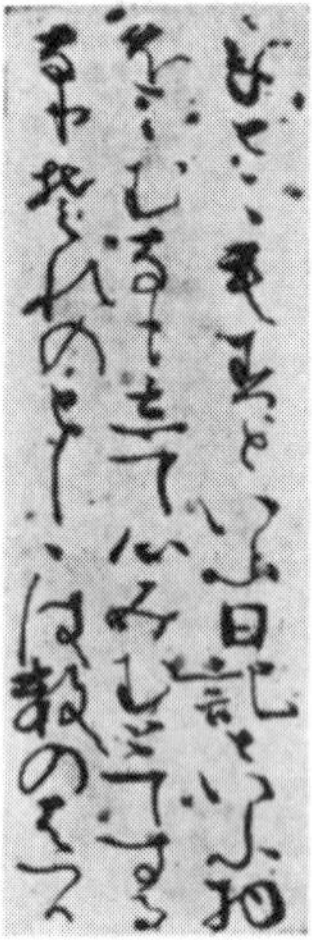
定家本

とはそれぞれの忠実な模写本が、そして宗綱書写本はその系統の写本が伝えられている。為家書写本の写し(青谿書屋本)は、仮名字母までが原本どおりで、もっとも信頼度が高いと考えられており、一般に『土左日記』といえば、すなわちこの写本の本文をさすようになっているといってよい。この作品は、有名な左の一文で書き始められている。

乎とこもすなる日記といふものを　をむなもしてみむとてするなり

ところが、定家書写本の形は、つぎのように、これと大きく相違している。

乎とこもすといふ日記といふ物をゝむなもして心みむとてするなり

平安時代の仮名文学作品の、その原本が、ほとんど失われてしまっていた当時において、はからずも目にした紀氏の自筆本が、三百年を経てもいたんでいないことに感激し、それを書写した定家が、なぜ、このように大胆な変形を行なっているのであろうか。「すなる」の「す」は終止形であるから、「なる」は伝聞を表わし、「するなり」の「する」は連体形であるから、この方の「なり」は指定（断定）を表わす、と古典文法では説明する。この一節は、まさに文法教科書の例文にふさわしい形で書かれている。ということは、意味・用法を異にする二つの「なり」が続いてでてくるので、まぎらわしくなり、鎌倉時代の人びとにとっても、うっかりすると読み誤る危険性があったということでもある。もう一箇所「してみむ」というのは、現代語の言い方に一致しているので、かえってわれわれにはすなおに理解できるのであるが、平安時代には、まずなにかをして、それを目で見ようという意味になるのが普通である。しかし、ここは、日記をまず書いて、あとになってそれを読もうというつもりの表現ではないと定家は解釈した。

「すなる」というのは、伝聞、すなわち、そういう話を耳にしているということであるから、同じ意味で言い換えれば「すといふ」になる。また、この文脈における「してみむ」は、やってみようということで、すなわち「して心みむ」という意味である。なおされた形の「すといふ日記といふ物」では語呂がよくないし、「して心みむ」というのも、なめらかでない。しかし、このようにさえしておけば、紀貫之が意図したとおりに、だれにでも正しく理解することができるのである。この場合、定家としては、原文の格調をいくらか犠牲にしても、文意を正確に伝えるべきだと判断したのであろう。

われわれは『土左日記』を古典として位置づける。古典というのは神聖なものであって手を加えてはならないと考える。『土左日記』の本文を修正するなどということは、許しがたい冒瀆行為であると受け取ってしまうが、定家にとって、それは生命を失って形骸化した古典ではなく、その内容こそが大切な、生きた文学作品だったのである。この違いを認識しなければ、定家の校訂作業の精神を理解することはできない。一般に、他の系統の本よりも定家本の方がずっとわかりやすいのは、こういうやり方で本文が整備されているからなのである。

このように、一字一句に細かい神経を使いながら、『土左日記』をわずか二日間で写し終えているというのは、驚きに値する。奥書に、「読み得ざる所どころ多し、ただ、本（=原本）のままに書く（読不得所々多、只、任本書也）」と記されているが、この「読み得ざる所」とは、なんという文字であるかが判読できなかったのではなく、文章が読解できなかったということであって、おそらく、時間的な制約のために意を尽くせないところが残ってしまったのであろう。

使い分けの効用（一）

目の前にある「草子」を、文字どおりに書写するのと違って、いちいちその本文の解釈を確定しながら筆を進めてゆくというのは、たいへんな作業であるし、また抜群の解釈力がなければならない。たとえば『古今和歌集』のつぎの和歌について、どういう過程が必要であるかを考えてみよう。

なにめてゝ　wo　れるはかりそ　wo　みなへし　われ　wo　ちにきと　ひとにかたるな

〔秋上・遍昭〕

『古今和歌集』（伊達本）

「折れるばかりぞ」「女郎花」という引き当てには問題がないが、「われ wo ちにきと」については、つぎの二つの解釈が成立しうるので、それほど簡単に片づかない。念のために付け加えれば、この和歌の作者遍昭は僧侶である。

我落ちにきと――このわたしが、女性に触れたりして、堕落してしまったなどと、
我怖ぢにきと――このわたしが、女性に触れたのを知られることを恐れて、おびえてしまったなどと、

堕落してしまった、という解釈をとるとしたら、「落つ」のアクセントは［○◓］であるから、その語頭は「尾之音・お」になるし、また、おびえてしまった、という解釈をとるとしたら、「怖づ」のアクセントは［●○］であるから、その語頭は「緒之音・を」ということになる。したがって、そのどちらであるのかに解釈を確定したうえでなければ、当てるべき仮名がわからず、この語が表記できないのである。「他人は摠じて然らず、又、先達も強ちに此の事なし」というのは、定家の立場からすれば、同憂の士のいないことを慨嘆したことばであるが、「他人」の方の立場に立ってみるならば、解釈力に相当の自信がないかぎり、軽々に「同心」などできなかったと

いうことでもある。こういう苦労を味わいながら、「草子」を書写したのは、歴史上、定家がはじめてだったのである。

『古今和歌集』の成立した時期には、「落つ」も「怖づ」も語頭音節は［o］であったから、どちらも「おつ」と表記された。見方によっては、それらを仮名で書き分けることができなかったということでもある。それらが十世紀後半以後に、ともに［wo］になっても、依然として同音であることに変わりはなかったが、ここにアクセントの違いを書き分けの基準として導入したばかりに、最初から書き分けられていなかったものを、定家の立場として書き分けざるをえないところに追いこまれたのである。

定家自筆本（伊達本）で該当部分を調べてみると（写真）、「おちにき」と表記されているから、ここでは堕落してしまった、という解釈が与えられており、おびえてしまったという解釈は、結果的に排除されていることがわかる。もちろん「おれる」「をみなへし」も、それぞれ「折れる」「女郎花」という解釈に即した表記になっている。

こういう厄介な問題を処理しなければならなくなったのも、もとをただせば、二つの仮名を、高低の違いで書き分けようと考えたからであって、その意味では、まさに自縄自縛ということなのである。以呂波四十七字を書き分けるだけなら、たとえば、語頭に「お」を書き、それ以外の位置に「を」を書くとか、格助詞だけを「を」にして、そのほかは、すべて「お」にしてしまうとか、いろいろの書き分け方がありえたはずである。あとで述べるように、定家は、ほかの仮名について、語頭とそれ以外というように、位置による字母の使い分けを実行しているから、これら二つの仮名についてもそういうことに思い及ばなかったはずはない。にもかかわらず、それをとらなかったのは、そのような書き分けのために、むざむざこれら二つの仮名を使ってしまうのは、もったいないと考えたからに相違ない。

こういう使い分けの原理を設定することが、ただ自分を苦しめ、そして、書写の能率を低下させるだけだと、定家がもし考えたとしたら、いつでもやめてしまうことが可能であった。したがって、その原理を設定し、あえてそれを守りとおしたのは、そういう使い分けをすることが、かれの目的にとって有利だったからにほかならない。すなわち、この原理を設定したからこそ、せっかく到達したその「落ちにき」という解釈を、こういうはっきりした形で択一的に示しておくことが可能になったのだ、という立場で考えられているのである。

使い分けの効用（二）

定家本『更級日記』のはじめの方の部分に、竹芝寺にまつわる伝説が記されている。

（男が姫君を）おいたてまつりてくたるに、ろんなく、人、をひてくらむと思て、

「おいたてまつりて」「をひてくらむ」は、それぞれ、「負ひ奉りて」「追ひて来らむ」に相当する表記である。もし、右の一節に、これら二つの仮名の書き分けがなされていなかったとしたら、たいへんまぎらわしい。それを考えてみるならば、この原理によって書き改められていることの効用がよくわかるし、また、そういういちいちの解釈を与えていった定家の労苦の、その一端をうかがい知ることもできる。

いまのわれわれは、その時期における「負ふ」「追ふ」のアクセントを文献資料によって確かめ、知識的にそれを識別するほかないが、当時の人びとなら、［woite］をふたとおりに発音してみるだけで、あるいは、発音するつもりで頭の中で考えてみただけでも、どちらの意味ならどちらの表記にな

『更級日記』

るのかを、ただちに了解することができたのであるから、この書き分けの持つ実用上の価値を、現今の常識を尺度にして評価するのは誤りである。

以上、ここには「われ wo ちにきと」、および「wo ひて」という二つの例を、あげてみたが、このように、解釈を確定した有効な書き分けは、ほかにいくらでも指摘することができる。定家としては、なにがなんでも以呂波四十七字を書き分けなければならないということで、いわば、苦肉の策としてこういう原理を思い付き、それを強引に実行したわけではなく、その使い分けが、解釈の結果を形のうえに確定して示しておくために有効だということまで、十分に計算に入れてそれを実行しているのである。

実用への志向

定家という人物を、あたかも言語理論家とか言語哲学者ででもあったかのように見立てて、『下官集』に示された仮名づかいの、その背後にある深遠な言語思想のようなものを究明しようとする方向に、筆者は基本的に賛成できない。それは、どうやら一九四〇年代から六〇年代にかけて国語学界を風靡した一つの思弁的な言語理論が残したところの、蛭子《ひるこ》にも似た落とし子のように見える。定家についてそのような虚像を作り上げることは、その真価に目をそむけているという意味において、過小評価にすぎると言わざるをえない。定家の一貫した用字原理の、その洗練された機能性は、それが実用に徹したものであるという理解を前提にしてこそ、はじめて正当に評価することが可能なのである。

花をゝる・おはりこめ

このような書き分けの原理を設定することによって、定家は「を」と「お」とを別種の仮名として峻別したのかというと、そうとばかりも考えにくいところがある。本来は同じ仮名であって、それを二つに使い分けていたというのが真相のようである。

その根拠の第一は、「花をゝる」という書き方を常用しているという事実である。『下官集』の「お」の部には「花をおる」という一項があり、また「折る」の語幹が［〇］であったことの証拠は、いくらでも指摘できるにもかかわらず、定家木で「花をおる」と書かれた例は稀であって、そのほとんどは「花をゝる」という形になっている。『更級日記』には「花をおりて(やる)」の例があるが、この「草子」は左半分から書き始められており、まだ表記が完全には確立されていない段階のものであ

『更級日記』

『古今和歌集』(伊達本)

る。その前に「花を」とあれば、それに続く「wo る」は「折る」以外にありえない。したがって、あとの時期には、わざわざ「おる」と書かないで、連読符ですませることにしたのであろう。ここではアクセントの要因が捨象されている。たとえば、

月夜に梅(の)花をゝりてと　人のいひければ　おるとてよめる

〔古今和歌集・春上・詞書〕

という書き方になっていることをもって、定家がみずから定めた原理をみずから破っているとか、「花をゝりて」は「花ををりて」であるから、「花を居りて」か「花を織りて」かのいずれかのつもりだったとか、あるいはまた、「花をゝりて」という結び付きに限って、二つの仮名の書き分けに異例が多いとかいうような、硬直した理解のしかたをするとしたら、それは事の本質をとらえていない。かれが「花をおる」とわ

ざわざ書かずに、むしろ「花をゝる」の方を標準的な表記として採用しているという事実は、用字原理の不徹底とか、いいかげんさとしてではなく、その柔軟性として積極的に評価されなければならない。

その根拠の第二は、つぎにあげるような場合における、これら二つの仮名の関係である。『古今和歌集』の「物名《もののな》」の部に「燠火」、すなわち、赤く燠《お》きた火を題にした和歌がある。

をきひ　　　　　　　　　　　　みやこのよしか
流(れ)いづる方だに見えぬ涙河　おき干《ひ》む時や底《そこ》は知《し》られむ

[oki] の方まで潮が引かなければ、涙の河の底が見えないだろうということで、その部分に作者が [okibi] を隠すことには問題がなかったが、アクセントの方は「燠火」が高く、「沖」が低くはじまっていた。したがって、定家としては、処置に困ったはずなのに、書き分けの原理どおりに、それぞれを「をきひ」「おき」としている。

『拾遺和歌集』の「物名」の部にも、同様の例が指摘できる。

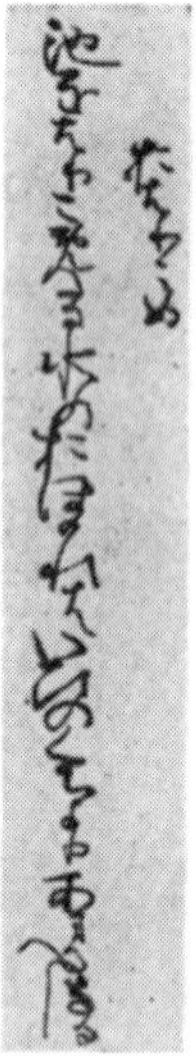
『拾遺和歌集』

おはりこめ
池をはり　こめたる水の多《おほ》かれば、樋《いひ》の口《くち》よりあまるなるべし

「尾張」は［woφari］であったから、作られた当時は「をはりごめ」でよかったが、「尾張米」の第一音節は低かったので、定家の方式によると、「尾之音」、すなわち「お」と表記しなければならないことになった。しかし「池wo張り」の［wo］は助詞なので「を」であるから、食い違うにもかかわらず、ここでもまた、書き分けの原理を守って「おはりこめ」と書かれている。要するに、これら二つの仮名は、根本においてあい通じていたのである。

「越」の仮名の用法

「を」と「お」との二つの仮名の相互関係のありかたを明らかにするうえで、もう一つ注目しなければならないのは、「越」の字をくずした「䖟」という字体の活用である。「越」という文字は、そのもとになった中国の漢字音からいっても、ワ行の仮名でうつされるはずの音であり、「を」の一群の異体字の一つとして用いられはじめたものである。もちろん、o>wo という音韻変化の結果、所属は曖昧になってしまった。定家は「を」と「お」との二つの仮名を、それぞれ「緒之音」「尾之音」として使い分けるにあたって、この「䖟」に特別の地位を与えることにした。すなわち、これら二つの仮名の対立を解消し、アクセントと無関係に用いるもう一つの［wo］として、要所要所に使用することにしたのである。

藤原仲文が大中臣能宣のもとに車の「氈《かも》」、すなわち、毛皮の敷物を借りに人をつかわしたところ、ないという返事だったので、つぎの和歌を作り、能宣に送った。

鹿《か》をさして馬《むま》といふ人ありければ　かもをも䖟しと思ふなるべし

〔定家本・拾遺和歌集・雑下〕

昔、中国に鹿をさして馬だと言いはった人がいたという話ですが、あなたも「鴨《かも》」

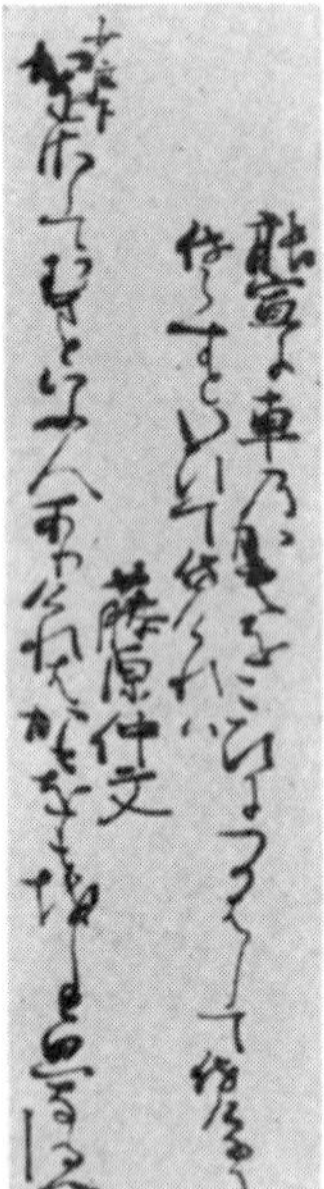

『拾遺和歌集』

を「鴛鴦《をし》」と思っているに相違ないですね、という裏に、「氈」を持っているくせに、貸すのが惜しいのでしょうという皮肉がこめられている。この和歌が作られた時期には、「鴛鴦」も「惜し」も、「をし」であったから、このかけことばは無理なく成立したが、アクセントでいうと、「鴛鴦」は［●●］、「惜し」は［○◒］ということで、語頭の高低が食い違っていた。定家としては「をし」と書けば鳥になるし、「おし」と書けば惜しいという意味になるので、このままでは書きようがない。そこで、アクセントに色付けされていない「𢦏」という字体を持ちこんで、この問題をたくみに解決している。「を」でも「お」でもないということは、とりもなおさず「を」でも「お」でもあるということにほかならないから、読む側は、そこに、かけられたことばの存在を知ることができるのである。これと同じような例を『後撰和歌集』からもう一つだけ引用しておこう。それは「置き」と「起き」とのかけことばである。

秋の夜をいたづらにのみ㦲きあかす　露は我《わ》が身のうへにぞ有ける　〔秋中〕

「置く」は「●○」なので「をく」となり、「起く」は「○●」なので「おく」となるところを、ここも「㦲」をあてることによって、その両方を生かしている。このかけことばは、一つの類型であるから、同じ処理を施した例が、ほかにもある。

定家自筆本の『近代秀歌』には、和歌が二行に分けて記されているが、その中に、つぎのような例が見いだされる。

さをしかのつまとふ山のをかべなる
わさだはからじゝもは㦲くとも

同じ仮名が横に並ぶ場合、定家本においては、原則として字母を違えて目移りを防いでいる。この場合「霜は置くとも」の「置く」は、本来なら「をく」と書くところであるが、こういうところには「㦲」が導入されている。一方『伊勢物語』には、つぎのように「お」の左隣りに、本来、「お」で書かれるはずの語がきた場合に、「㦲」

を用いた例が見いだされる。

おもはずは　　おはり　　おとこ

𛀁りふし　　𛀁とこ　　𛀁とこ

これらの「𛀁」は、ある場合に「を」と等価であり、またある場合に「お」と等価であるかのようにも見えるが、実はそのどちらでもないのである。「𛀁」の仮名には、このほかにも「北𛀁もて」「まめ𛀁とこ」「かたゐ𛀁きな」といったように、その上の要素との複合を表示したり、あるいはまれに、原文の意味が確定できないときに、解釈を留保するという意味で使ったり、いくつかの用法が認められるが、いずれもアクセントと切り離されている点が注目される。

乎とこもすといふ

定家本『土左日記』においては、さきに示した冒頭部分の、その書きはじめの仮名がそうであるように、ところどころに「乎」という字体が用いられている。その用法を帰納してみると、これもまた「𛀁」と同じく、アクセントを捨象して用いられた、

［wo］の異字体であることがわかる。

「乎」が「を」に相当することを、定家は容易に見てとることができたであろう。慎重を期していうならば、かりに「を」「お」のどちらであるかの判別に迷ったとしても、「乎とこ」が「男」に相当することは、簡単に理解できたはずである。かれの書き分けの原理に従うなら、それは、当然「おとこ」と表記されるはずであった。ところが、ここには、原本の「乎」がそのまま踏襲された形になっている。すでに見てきたように、定家の表記原理は、その最初の仮名から、ずるずると原本に引きずられてしまうほど、しまりのないものではないから、ここにもやはり、かれなりの周到な配慮がはたらいていると見なければならないであろう。

紀貫之筆の『土左日記』に、はからずもめぐり会えた定家の喜びは、奥書の表現からよくわかる。しかし、いざそれを書写しようという段になると、かれには、いかなる場合にも崩すことのできない、本文整定の基本方針があった。それを守りながら、なんとか原本の雰囲気とか風韻とかいうようなものを反映させたいと、かれは考えたに相違ない。

いい加減な、にせ物が出回っているが、貫之の真蹟とはこういうものなのだといって、定家は末尾の部分を原本そっくりに写し取っているが、それを見ると、たいていの仮名は、驚くほど現在の活字体のそれに近い。そういう中にあって、「乎《を》」とか「数《す》」とかいう字体が特徴的である。なんとかこれらの字体を残すことができるなら、自筆本のにおいをとどめることができる。さいわい、これらは、かれの用字体系の中に組み入れられていないから、方策がないわけではない。「乎」は「狘」と同じように、アクセントから切り離された［wo］の異字体として臨時に使用すればよいし、また「数」の方は、語末・文末に用いる「須」のくずしに代えることが可能である、これが、おそらく、定家の考えた筋道なのであろう。もちろん、この文脈なら「おとこ」と書かないでも、取り違えられるおそれがまったくないという判断がその前提になっているはずである。忖度といえば、たしかに忖度には相違ないが、このようにでも考えないかぎり、ここに「乎」が導入されている理由は、説明不可能であろう。原本を尊重したいが書き分けの原理はまげられないというディレンマの、その妥協として講じられた方策と解釈してこそ、はじめて、これらの字体を導入した理由が理解できる。こういうところに、筆者は、藤原定家という、いかにも固苦しい人物の、その人間らしいぬくもりのようなものを感じるのである。

「すなる」を「すといふ」に、そして「してみむ」を「して心みむ」に、というような手の加え方は、一見、無神経とさえ見えなくはないが、一部の人たちが考えるような、傲慢な態度での添削ではなく、これはこれで、かれの信念に基づいた原本尊重の方法であったと考えたい。ちなみに、他の作品における場合と同様、『土左日記』においてもまた、こういう訂正は散文の部分に限られており、和歌には手が加えられていない。

ひらめきによる了見

「花をゝる」という特定の結び付きにおける連読符の使用や、「物名」の和歌に見られるところの良い違い、さらには、「を」「お」の二つを兼ねるとも、あるいは、そのどちらでもないともいえる「𛀁」の字体の効果的運用というような諸事実は、「を」と「お」との間に、画然たる境界が設けられていなかったことを物語っている。これらの二つの仮名が、ある面では独立であり、また、他の面では同一の仮名の異字体であるという両面性をそなえていたことを、前章において指摘したが、そういう基本的な関係は、ここにおいてもまた、形を変えながら継承されていると考えてよいであろう。

「旧き草子」を見ると、一方には、同一の語を表記するのに「を」を当てたり「お」を当てたりという不統一もあるが、助詞はほとんど「を」で一貫されているとか、

「大」の意味の接頭語には「おほ＝」が、また「小」の意味の接頭語には「を＝」が支配的であるとかいう傾向があって、文脈の正しい理解を支えていることも事実である。これらの仮名を、一つ一つの語についての個別的なきまりとしてではなく、高低の違いによって統一的に表記するならば、書き分けも読み分けも容易になり、したがって、実用性もそれだけ高くなると定家が考えたのだとしたら、それもやはり「旧き草子を見て、これを了見す」ということになるであろう。

このように理解するならば、「を」と「お」との使い分けと、それ以下にあげられた「え・へ・ゑ」「ひ・ゐ・い」の仮名の使い分けとを、本質的に違っていると見なして切り離す理由もなくなってしまう。そこに『色葉字類抄』系統の字書における分類原理が参照された可能性を考慮に入れるとしても、

を　ちりぬるを書クレ之ヲ仍《ヨ》ツテ欲《オモ》フレ用キントレ之ヲ
お　うゐのおくやま書クレ之ヲ故也

という形で、『下官集』に独自の根拠が明示されているのであるから、それは、直接でなしに、ななめから（obliquement）の介入にとどまるはずである。

なお『金光明最勝王経音義』所載の以呂波の場合にも、やはり「乎」は［●］、

「於」は［〇］となっているので、『下官集』との間にいちおう系譜関係が問題になりそうであるが、この方は、真言宗系に伝承された、七字区切りの読み方であり、「ちりぬるを」「うゐのおくやま」という、定家によって示された根拠と違っているので、無関係と認めてよい。所詮、二種類の仮名と二種類の高低との間の結び付きなので、それらの関係が偶然に一致する確率は非常に高い。

定家の志向したもの

仮名づかいとは、以呂波四十七字の枠付けにおいて、同音の仮名、ないし特定の条件のもとに同音になる仮名について、書き分けの基準を設定し、それに従ってことばを記すことであり、歴史上、それを最初に行なったのが藤原定家であると考えるのが、現今の定説であるといってよい。

『下官集』によって見るかぎり、定家は以呂波四十七字を書き分けようとしている。「を」と「お」との二つの仮名については、その区別が発音の違いに基づいているという点において、右の定義に沿った仮名づかいとは見なしにくいが、いちおう、枠付けそのものには変わりがない。しかし『下官集』から離れて、定家本自体の用字ということになると、事情は大きく違っている。

「花を〻る」という表記が可能であったり、あるいは、「を」と「お」との対立を中和させた字体として「狘」を使ったりしていることは、つきつめていえば、そこに、本来は一つの仮名の異字体だという認識があるからにほかならない。定家本といっても、それらのすべてが均質ではないが、最大公約数的なとらえ方でいうならば、定家は、多くの仮名について、二つあるいは三つ程度の異字体を用意し、それらを単純な原則に基づいて使い分けている。毛筆がきであるから、ときには、文字の太さの違いまでが有意的に使い分けられており、それらを活字に移して説明するのは困難なので、その概略だけを述べておこう。

たとえば「し」の仮名に例をとると、語頭に「志」、それ以外には「し」を用いるのが原則であるが、漢語の場合には、語頭に太めの「し」を用いて和語と区別し、また「し」の左がわにもう一つ「し」が並ぶような場合には、語頭以外の位置でも「志」で書くという方式がとられている。「堂《た》」は語頭ないし行頭に、「須」は語末ないし文末に、というような例もあるが、「伊」「登」「阿」「具《く》」「帝《て》」「無」「王《わ》」といった、真仮名に近い字体は、同じ字体の隣接を回避する目的で用いられるものが多い。他人によって写される場合、目移りのために脱落や重複が生じることのないようにという、証本としての配慮である。

書道の作品においては、いろいろの異字体を自由に組み合わせて用いられるが、定家本の場合には、それぞれの仮名について、使用する異字体の種類をしぼり、それらを右のような原理のもとに効果的に運用するという方法がとられている。

やま　さくら　わか君　伊勢の海　らむ　けむ
山　桜　渡津海　いせのうミ　覧　剣

というように、仮名と漢字とを隣接させて、目移りを回避している例も随所に見いだされる。「身」「名」「世」「夜《よ》」など、まぎれやすい一音節名詞の漢字がきも徹底している。そのほかにも、定家本に見られる用字上の工夫を並べたてれば際限がない。そして、その際限のない工夫は、すべて、つぎの二つのことを志向しているのである。

a　そこに提示した解釈が、意図どおりに正しく理解されるようにしておくこと。
b　それが書写されるときに、本文の脱落や重複が生じないようにしておくこと。

『下官集』の志向したもの

これまで『下官集』は、もっぱら仮名づかい書として考えられてきた。わずかな分量しかないこの本の中で、仮名づかいにかかわる内容は、たしかにその大きな部分を占めている。しかし、そこには、仮名づかいと直接には無関係な事柄についても述べられていることに注意しなければならない。「草子を書き始むる事」もその一つであるし、そのほかにも、和歌を書くときの心得として、

としのう　ちには　るはきにけ　りひ　とゝせをこ　ぞとやい　はむことし

というような書き方をしたのでは読みとれなくなってしまうから、句ごとに切って書かなければならないとか（「仮名の字、書き続くる事」）、あるいは、物知りぶった人が、故実だと称して、わざわざ、上《かみ》の句の最後の文字を、下の句の上に付けて、

さくらちるこのした風はさむから
てそらにしられぬ雪そふりける

と書いたりするが、これでは、上の句と下の句との見分けがつかなくなってしまうから、そういうことはやめて、上の句と下の句とを各一行に書くべきであるというような（「歌を書く事」）、きわめて実務的な注意事項が記されているのである。

『下官集』を、仮名づかい書として、直線的に――あるいは、あえていうならば短絡的に――とらえて、議論を展開するまえに、この本がどういう目的をもって書かれたのかを考えてみるならば、そこに規定された仮名づかいの、その本質を見とおすことができるであろう。狭義の仮名づかいのまえに、まず、仮名の使い方、すなわち、仮名の効率的な運用のしかたがあり、さらにそのまえに、漢字を含めての、組織的な用字原理があることを、十分に認識すべきなのである。そしてまた、そのような用字原理は「草子」の書写、あるいはその校訂という作業のために不可欠だからこそ、設定されたのだということを忘れてはならない。

音韻変化の累積によって同音の仮名が増加し、表記が乱れたので、藤原定家が仮名づかいを制定してそれに統一を与えようとした、という説明は、実用を考慮に入れていないという点において観念的であり、真実からかけ離れている。もし、定家が歌集や物語の校訂作業に力を注がなかったとしたら、かれもまた「他人」と同じように「此の事」に積極的な関心を示さずに終ったかもしれないのである。

「先人」「先達」の中には、すぐれた歌学者も少なくなかったが、仮名文学作品の本文整定に、これほど本腰を入れて取り組んだのは、定家がはじめてであったために、表記の軌範についても、みずからそれを定めるほかなかったということなのである。

表記の固定

「文字を嫌ふ事」という条項に規定されたところを、一般的な意味における仮名づかいと見なすならば、その独創性が高く評価されることになるであろうが、同時にまた、その方針のありかたに関して、おのずから疑問も生じてくる。そうなると、そもそも、仮名づかいという概念を、定家はどのように理解しているのかというところから、検討を始めなければすまなくなる。しかし、ここで問題にされなければならないのは、そこに示された表記の軌範が、「草子」の本文を整定するうえで、はたしてどれほど有用でありえたのかという点なのである。

『下官集』において「故」は「ゆへ」、「行方」は「ゆくゑ」と定められている。古い時代の表記は、それぞれ「ゆゑ」「ゆくへ」であるから、ちょうど逆になっていて、これは、定家が復古主義をとりながら、正しい形にまで溯れなかったためであるというのが、一般の解釈である。しかし、それは定家が、その意味における正しい形にまで溯ろうとしたはずだという前提のうえに立って、はじめて言えることとなのである。「当世の人の書く所の文字の狼藉、古人の用ゐ来たれる所を過《あやま》つ。心中これを恨む」ということばを、ただ、ことばとして表面的に受け取るとしたら、それは、定家が表記の乱れを嘆いて云々という解釈になるし、また、もしそうだとしたら、そこに期待されるのは、当然、復古主義ということでなければならない。現に、あとの方には「旧き草子を見て、これを了見す」とも明記されている。

しかし、定家にとって切実に必要であったのは、同音の仮名を含む語の表記を、他の語と視覚的に識別できるような形として固定することであって、その目的さえ達することができるなら、いわば、どういう形でもよかったのである。「古人の用ゐ来たれる所」といっている以上、かなり古い時期の文証まで確かめているはずだと考えるとしたら、それは誤りであって、定家の認識としては、正しい伝統が昔からずっと続いていたのに、「当世の人」がそれを乱してしまったということだったのであろう。これは、古今東西を問わず、ことばの乱れということについての、一般的な感じ取り方だからである。したがって、「旧き草子」に目を通せば、そこから「古人の用ゐ来たれる所」が知られるはずだと、かれが考えたとしても、筋道として当然なのである。百年まえと二百年まえとでは同じはずがない、というのは、言語史の概念を身につけた立場での考え方である。したがって、かれとしては、「古人の用ゐ来たれる所」を伝えているはずの「旧き草子」に「ゆへ」「ゆくゑ」という表記が支配的なら、それを採用するということでよかっただけのことなのである。われわれが、ここに復古主義などということばを不用意に持ちこむと、むしろ、そのことばにとらわれて、あらぬ方向に議論を進展させてしまう危険がある。

　以上の考察の結果から明らかなように、『下官集』に示された定家の仮名づかいは、今日いうところの仮名づかいとは、質的にかなり異なっている。この文献の軌範的な性格からするならば、「文字を嫌ふ事」という言い方には「嫌ふべき事」という含みがあり、したがって、その学を継承する人たちにとっては、ここに規定されたところが一種の強制力を持っていたに相違ない。しかし、それ以上の社会性までは意図されていなかったと見るべきであろう。

　定家がその本文を整定しようとした仮名文学作品には、さまざまな質の写本があり、写された年代にも、新しいものと古いものと、いろいろだったであろう。「旧き草子」に「ゆへ」と書かれているその同じことばが、「当世の人」の手になるものには「ゆへ」と「ゆえ」とが混用されていたりする。この二十年来、「へ」「ゑ」にかわって「え」が圧倒的になっているということが、『下官集』の裏書にも記されている。

しかし、直接に依拠した写本にどのように表記されていようと、同じことばは、つねに同じ形に表記しなければならないと定家は考えた。なぜなら、本文整定とは解釈作業の連鎖であり、それぞれの部分について与えた解釈は、そのとおりの意味として択一的に理解できる形にしておく必要があったからである。

虚像としての定家本

定家によって校訂された本文は、今日の国文学界においても、一般に高く評価されている。『土左日記』については、前述のような事情から、為家書写本が重視されているが、そのほかの作品の場合には、定家本がありさえすれば、それを底本に選ぶのが、ほぼ定石になっているとさえいってよいようである。しかし、これまでに検討してきたところの諸事実から考えるならば、定家卿の権威を盲信して、そこに記されている文章が、可能な限りにおける原本復原の努力の成果であると見なしたりすることは、明らかに大きな誤りである。それは、ただ安易であるばかりでなく危険でさえあるといわなければならない。

そういう根本的な問題は、あえて伏せてしまうことにして、ここには、ただ一つの点だけを強調しておきたい。それは、定家本を利用する以上、そこに提示された解釈を、提示されたままの意味に読み取ろうとする努力が必要だということである。批判のまえに、まず、正しい理解がなければならない。定家本をその実像にもどすために、この章に述べたところが貢献しうるならさいわいである。

平仮名と活字

誤読の生じない本文を志向したものだけに、定家自筆本はたいへん読みやすい。この章に示した断片的な写真からも知られるとおり、独自の強い筆ぐせが特徴的であるが、文字を読み取り、そして内容を理解するうえでの支障にはなっていない。ところが、それを活字にうつすと、とたんに読めなくなってしまう。これは、定家本でさえも、ということであって、実際には毛筆がきの平仮名文献を翻刻する場合の一般的な問題である。

一つの語句を続け書きにしたり、また、墨つぎによって濃淡や太さの違いを持たせたりすることで、平仮名には事実上の分かち書きが発達した。そのために、散文を自由に書くことも可能になったのである。書道が発達すると、視覚的な美を追求するためにこの機能を殺して、「としのう／ちには」式の書き方が横行するようになり、それが本文の乱れる大きな原因の一つになった。定家は、「此《かく》の如く書く時、読み解きがたし、句を書きゝる大切、読みやすき故也《ゆへ》」と言い、白筆本でそのとおりの書き方をしているのに、活字では続け書きも墨つぎも無視されるので、語句の境界がどこにあるかわからず、結局、「としのう／ちには」と同じになってしまうのである。これは技術的な限界であるからやむをえないとしても、けっして、それが等価の翻刻になっていないことを認識しなければならない。

卑近な例をあげれば、筆者の住む近くの駅の改札口わきに、「ここからはいれません」と書かれている。「はいれません」のつもりであろうが、つい「いれません」と読んでしまう。この事実は、現代語の表記において、漢字と句読点との適切な使用が、いかに重要であるかを端的に物語っている。「入る」の訓として「いる」「はいる」をどう扱うかというような判断には、「夜」「衣」という漢字を、それぞれ「よ」「ころも」に当てて、「よる」「きぬ」を仮名がきにした定家の知恵も参考にされてよい。定家は、文字を文脈の中に位置づけてその効率的な運用を考えているのに対し、国語審議会は、文字をただ文字としてとらえている。

第八章　『仮名文字遣』以後——以呂波仮名づかいの消長

『仮名文字遣』

『源氏物語』には、藤原定家による青表紙本と、源光行・親行《ちかゆき》父子による河内本との、二つの重要な校訂本があり、今日でも並び立つ存在と認められている。親行の孫に当たる知行もまた、この河内学派の源氏学を継承する学者であった。かれは出家してからの名を行阿といい、その署名のもとに『仮名文字遣』一巻をあらわしている。出家したのが一三六三年なので、この書の成立はその年以後のことと推定されているが、ただし、かれの没年が不明なので、成立の下限も不明である。

この『仮名文字遣』は、定家仮名遣、あるいは行阿仮名遣という名によっても知られている。増補改訂を施されながら、江戸時代まで、仮名づかいの軌範書として広く用いられたので、伝本による内容の出入りもあるが、ここには、そういう違いを問題にしない。区別すべき仮名としては、『下官集』で取り上げられたもののほかに、「ほ」「わ」「は」「む」「う」「ふ」が増加され、古い段階に属する伝本においても、語例の総数は千数百語に及んでいる。

序文には、おおよそ、つぎのように述べられている。

祖父の源親行が、定家卿の家集『拾遺愚草』の清書を依頼されたときに、「を・お」「え・ゑ・へ」「い・ゐ・ひ」等には、発音の同じになるものがあり、語の判別に支障をきたすので、この際、後学のために表記の軌範をお作りになってください、と申したところ、定家卿は、自分もやはりそう思っていたので、それでは、あなたの考えているところを書き出して、見せなさい、とおっしゃった。そこで、だいたい、この本にあるような内容のことをお目にかけたら、定家卿は、いちいちこれはそのとおりで理にかなっているということで、そのまま承認なさった。したがって、仮名づかいということを定めたのは、親行がその最初なのである。

この行阿が考えるに、弘法大師が極草体の漢字をもとにして仮名をお作りになったとき、それまでよりも、ずっと文字の数を少なくしたのであるから、以呂波の中に別々の位置を与えられているものは、発音が同じであっても、使い分けなければならないはずである。先達のお書き漏らしになったものもあるので、はっきりさせるために調べたところがあり、そのうえ、ほ・わは・むうふ、の仮名を新しく加えた。それは「ほ」は「を」に読まれ、「わ」は「は」にかよい、「む」は「う」に紛れ、「ふ」は「う」と同じになるので、これらを書き分けて、それぞれの条項としたのである。この本に収録されていない語があったら、ここに記されているところに準拠すればよい。

定家の名による権威づけ

『下官集』の「文字を嫌ふ事」の条によると、仮名の使い分けを規則化することは、定家ひとりの分別であるという。しかし、この序文によると、源親行の原案を定家がそのまま認めたのが、すなわち、この仮名づかいだということなので、両者のいうところは明らかに矛盾している。

この挿話は、仮名づかい創始の功績をみずからの学派に帰せしめるために、行阿によって作られた虚構であると考えられている。ひとことで言ってしまえば、おそらくそのとおりであろう。ただし、親行が『源氏物語』の校訂作業を通じて、その表記に積極的な関心を寄せていたことは、十分に考えられるところであり、また、定家との交渉もあったわけであるから、ここに行阿が述べていることが、事実無根とまで極言できるかどうかはわからない。いわば、火のない所に煙は立たないという程度の真実度において、それに多少とも近いような、あるいは、そういう挿話に発展する種になるような、なんらかの事実があったことを、この序文は暗示しているのかもしれない。定家のことばだけを額面どおりに受け取り、行阿が哀語戒を犯したと単純にきめてかかるのは、性急のように思われる。たとえ、その内容がまったくの虚構であったとしても、それが行阿自身の創作であるとも限らない。かれとしては、父祖から教えられたことを、真実だと信じて、ここにそれを書き記したのかもしれないからである。

いずれにせよ、行阿によって語られた、仮名づかい制定の経緯は、その真偽を離れて、定家卿の絶大な権威に依拠しているという点において注目すべきである。

行阿は、この仮名づかいの創案者が祖父の親行であると言っている。しかし、同時にまた、それが定家卿によって、趣旨についても内容についても、全面的に承認されたものであるということをも言っている。ここが重要なところである。かりに、右の挿話が、一般にいわれるように、自派を優位に置くために考え出された、もっともらしい虚構であったとしても、それが世に受け入れられるためには、定家による裏書がなければならなかった。この『仮名文字遣』が、定家仮名遣として普及したという事実は、定家が歌学の世界において、いかに偉大な存在と目されていたかを、如実に物語っている。

弘法大師の名による権威づけ

定家か親行かという問題もさることながら、以呂波の歴史という、当面の関心からするならば、それよりもさらに重要なことが、この序文の、あとの方に述べられている。

行阿思案するに、権者《ごんじゃ》の製作として、真名《まな》の極草の字を伊呂波に縮なして、文字の数のすくなきに、いゐひ、をお、えゑへ、同読のあるにて知りぬ、各別の要用につかふべき謂を

「真名」、すなわち、いわゆる万葉仮名の種類はきわめて豊富であり、清音と濁音とで別々の字母を使い分けていたりする。それらを整理統合して、もうこれ以上は一つも減らせないという、その限界まで収斂させたのが以呂波四十七字である。ほかならぬ弘法大師がそのようにお作りになったのであるから、間違いのあろうはずがない。したがって、以呂波の中で独立の位置を与えられている仮名は、発音が同じであって

も、それぞれに、他の仮名では置き換えることのできない大切な使い道があって残されているに相違ない、というのである。

前章に述べたとおり、時間が経過するにつれてことばの発音も変化する可能性があるとは考えなかったので、右のように理解してしまったのは、当然であるといってよい。もし、以呂波を作ったのが、さほど信頼のおけない人物であったとか、作者不明ということであったとしたら、判断の方向もおのずから、違っていたかもしれない。「阿女都千保之曾」を「里女之訛説也」と断じた先例もある。しかし、弘法大師作という権威づけによって、ここでは、それが絶対的なものになってしまっている。

弘法大師製作説は、大矢透によって全面的に否定された（第五章）。そこにあげられたいくつかの根拠の中には、いまになってあらためて吟味しなおしてみると、決め手になりにくいものも含まれているが、最終的な結論までがくつがえることはないはずである。ただし、この弘法大師との結び付けは、以呂波が真言宗の高僧の手になることを暗示している点で、象徴的な意味を持っているというのが、われわれの考え方であった。

このように、以呂波は、それが俗界に流れ出た早い時期から、弘法大師によって権威づけられていたが、行阿に至ると、その権威づけのありかたが、ただ、大師の御作だからありがたいとか、すぐれているとかいうだけにとどまらず、大師の御作に間違いの含まれていようはずがないというところに、重点が移行しているように見える。もし「権者の製作」でなかったとしたら、ここで以呂波が仮名づかいの基準に選ばれたかどうか、あるいは、すくなくとも以呂波四十七字が書き分けられることになったかどうかは、はなはだ疑わしいのである。当時、日常語と以呂波との距離は、定家の時代よりも、さらに大きくなっていた。行阿が「権者の製作として」といっていることは、かれが疑いを持ったうえで、その疑いを否定したことを物語っている。

事大主義

定家が「を」と「お」とを二種類の仮名として使い分けようとしたのは、以呂波の中で、せっかくそれらに別々の位置が与えられているものを、語の識別のために利用しないのは、もったいないという、現実的な理由からであった。ところが、序文の中の右の部分を読めばただちに明らかなように、行阿には、定家のそういう実用主義がまったく理解されていない。かれにわかっていたことといえば、二つの仮名を書き分ける原理についての、技術的な知識にすぎないのである。

もちろん、その根拠がどういうところに置かれていようと、結果的に見れば、一語一語について表記を一定させたことの、その実用的な効果は十分にあらわれている。この『仮名文字遣』が、表記の軌範として定着していった真の理由は、そういう実際上の効用を持っていたからだと考えるべきであろう。仮名表記について、その軌範を求める気運が次第に高まってきており、『仮名文字遣』は、まさにその要請にこたえたものとして、評価されなければならない。

しかし、その評価の目をこの序文自体に対して向けるならば、かれの意識を支配していたのは、窮極において事大主義であったといわざるをえない。定家仮名遣は、定家の仮名づかいの、その外形的な模倣にすぎなかった。『仮名文字遣』は、弘法大師と定家卿との二人の偶像を、その存立の基盤として成立したのである。

アクセント体系の変動

仮名表記の軌範を要請する気運が次第に高まってきていたことを右に述べたが、それについて言語史的な事情を明らかにしておこう。

定家は『下官集』に「一人として同心の人なし」と言って慨嘆している。その『下官集』の成立時期も、そしてまた『仮名文字遣』の成立時期も、ともに正確には不明であるが、ともかく、前者から後者に至る百数十年ほどの間に、客観的情勢が大きく変化していることは疑いない。しかし、その理由は、定家による提唱が、そのころになって、ようやく結実してきたということでもなさそうである。どうやら、その期間に生じた音韻変化が、真の原因をなしているらしい。

定家にとって――、ということは、橘忠兼にとっても、そしてまた、おそらくは源親行にとっても同じだったはずであるが――、以呂波の仮名を一字ずつ切り離して読んだ場合、発音の区別を持たなかったのは「を」と「お」とのひと組みだけであった。ところが、そのあと間もなく、wi>i, we>je という変化が語頭音節にまで及び、したがって、一つ一つ切り離して読んだ場合にも、「い・ゐ」「え・ゑ」は発音上の区別を失うことになった。この段階において、同音の仮名は三対に増加したことになる。これは、仮名表記を安定的に維持するうえで、あまり望ましいことではなかったはずである。ただし「ゐ」や「ゑ」で始まる語は、他に比してかなり少ないから、その限りでは、さほどの混乱を招かずにすんだであろうが、ほんとうに大きな問題は、それに続いて起こったアクセントの大変動であった。

現代の東京方言を例にとると、「空」「空色」、「雲」「曇る」のアクセントは、それぞれ、つぎのような関係になっている。

そら　●○　　くも　●○
そらいろ　○●●●　　くもる　○●○

古い時期の日本語では、複合語の先部要素になっても、あるいは派生語を形成しても、語頭音節の高さはそのままに保存されたから、原則として、右のような食い違いは起こらなかった。この顕著な法則的事実については、第三章にも触れたとおりである。

日本語のアクセントの実態がかなり詳細に判明するのは、十一世紀末、だいたい『金光明最勝王経音義』あたりからであるが、単語と複合語・派生語との語頭音節の間に右のような関係が存在していることは、とりもなおさず、文献時代よりもかなり古く溯って、非常に長期にわたり、日本語のアクセント体系に大きな変化が起こっていないことを意味すると解釈してよいであろう。そうでなければ、古い起源の語にまで、こういう関係が維持されているはずがない。そういう安定した体系が、十四世紀にきて、大きく揺れはじめたのである。

アクセントは、普通、文字のうえに表わされることがない。したがってそれを明らかにするためには、特別の目的に供するために、それをわざわざ注記したような文献とか、アクセントに言及した文献などを主たる資料としなければならないから、各時期にわたって、きめ細かくその状態を知ることは難しい。ここに生じた変化についても、いつごろその兆候があらわれて、どのように進行したのかというところまで、詳しくはわからない。しかし『仮名文字遣』の編纂されたころは、まさにその大きな変化の過渡期にあたっており、日本語のアクセント体系が、十七世紀になって『補忘《ぶもう》記《き》』などにふたたびその姿をあらわしたときには、見違えるほどに変貌してしまっていた。一つ一つの語のアクセントが変わったばかりでなく、右にあげた語頭音節における高低一致の法則も、この時期を境にして失われたのである。

『仮名文字遣』の原本は、もはや伝存していないが、その姿にもっとも近いと推定される写本について、「を」の部と「お」の部との所属語の語頭音節で、より古い時期のアクセントが高かったか低かったかを調べてみると、「お」の部に配されているもののほとんどは、もとから低かった語によって占められているのに対し、「を」の部に配されているものの中には、もとから高かった語のほかに、もとは低かった語が、相当にはいりこんでいることがわかる。すなわち、この期間において「お」の部から「を」の部への移行が、かなり顕著に進んでいるということなのである。それらは、以前の時期において、全低型、すなわち、高い音節を一つも含まない型に属していた語群に集中している。したがって、これは、つぎのような変化によって、京都アクセントから全低型が消失した事実を反映している、と解釈してよい。

○○　→　●○　家・足・池
○○○　→　●●○　ことば・刀・表《おもて》
○○○○　→　●●●○　盗人《ぬすびと》・灯火《ともしび》・晦日《つごもり》
○○○○○　→　●●●●○　計《はかりこと》

この時期に起こったアクセント変化を見ると、高く始まっていた型が低く始まるようになったものはない。したがって、「を」の部から「お」の部へ移行した事例は認められないのである。『仮名文字遣』の「お」の部には、『補忘記』所載のアクセントで、高く始まっているものが含まれている。それは、まだ、その時期に、アクセント変化が完了していなかったためである。

全低型以外についての同様の変化は、まだ一部にしかあらわれていない。以上のことは、大野晋の研究によって明らかにされたものである。

正書法の軌範『仮名文字遣』

のである。

言語変化は、一般に、巨視的視野の中に収めてみないとその実態が把握できないものである。ということは、その進行の渦中にある間は、変化しつつあるのかどうかさえも的確にはつかめないという意味である。実際の運用において、言語はつねに揺れている。群れの周辺にいくらか離れて行動している羊が、すぐまた群れにもどってくるのか、はぐれかけているのか、それは結果からしか判断できないのと同じように、それがただの揺れであるのか、あるいは、はっきりした方向をとった言語変化であるのかは、かなりあとの時期になってからでないと、わからないのである。

高く始まる語は「を」、低く始まる語は「お」という原則だけを心得ていても、その書き分けの根拠となるアクセントそのものが、確定できないということでは、「おや（親）」と書けばよいのか、「をや」でなければならないのか、と迷わざるをえない。個人としては、どちらかのアクセントにきまっていたとしても、それが社会的に安定した形で共通していなければ、文字言語としての機能をはたすことができないので、意味をなさないのである。なまじ書き分けの原理があるばかりに、別の語と取り違えられたり、意味不通ということになってしまう。

定家仮名遣は「を」「お」の書き分けについて、定家の仮名づかいの原理をそのまま踏襲した形をとっているが、日本語それ自体が、いつのまにか様相を一変させてしまっていたのである。もちろん、行阿はこの事実に気付いていない。

こうなれば、これら二つの仮名の書き分けをやめて、一つにまとめてしまうか、さもなければ、一つ一つの語について、正書法を定めるか、それしか方法はない。行阿は、以呂波が「権者の製作」であり、その中に含まれる仮名は、すべて使い分けるのが当然であるという立場から、後者の道を選択し、その具体的な指標を示している。

本来、「を」「お」の書き分けというのは、発音の違いに基づくものであるから、その原理さえ理解されているならば、区別するのは容易であった。要するに「緒之音」と「尾之音」ということだけで間に合ったのである。ところが、アクセント変化のために、事実上、その基準が役立たなくなったので、典拠についていちいち確かめないと安心できない状態になり、その結果「を」の部には百三十五項、「お」の部には百一項もの例があげられている。しかも、それらは、あとの段階で、さらに増補されることになるのである。

一般に、ある一つの語について二つの語形が共存する場合、より古くから使われていた方が、無条件で正しいと判断される。この『仮名文字遣』をあらわしたとき、行阿はすでに七十歳を越えていたと推定されている。かれは正書法を規定するに当たって、みずからの正しいアクセントを基準にしたと考えられるから、実際には、ここにあらわれたよりも、さらに先まで変化が進んでいたと考えるのが正しいであろう。

『仙源抄』

長慶天皇（一三四三～一三九四）は『源氏物語』研究の成果として『仙源抄』をあらわしている。一三八一年の成立で、『仮名文字遣』よりも十数年あとに当たるが、年齢差を考慮に入れると、実質的にはそれ以上に離れていると見なければならない。

この『仙源抄』というのは、『源氏物語』の中から、注を必要とする語句を一千項たらず抜き出したもので、語彙集成（glossary）に相当する形式・内容を持っているが、その排列のしかたは、つぎの二点において独自の特徴をそなえている。

a　第二字以下の仮名も以呂波順に排列されていること。

b　「お」「ゐ」「ゑ」の三つの仮名に始まる語を、それぞれ「を」「い」「え」の方に統合して示してあること。

まず、aについていうならば、最初の「い」の部分の項目は、つぎのような順序に並べられている。

いはほも山も残るましう　いはけなし　いと　いとゝ　いとけなき　いとみ
いりあや　いぬき　いかにあたる　いかたうめ　いかきひたちふる心
いかめし　いたち　いたかき　いたつき　いたしや　いそしく……

『色葉字類抄』では、第一次の分類に「詞条の初言」だけしか着目されていない。第六章に述べたように、正書法が確立されていなければ、第二字以下の仮名をも以呂波順に排列することは、事実上、不可能だったからである。したがって、もし、そこにおいて得られた結論がここにも通用するとしたら、長慶天皇がこういう方式を採用していることは、とりもなおさず、すでに正書法が確立されていたからだ、ということになるはずである。そして、その正書法は、bのように「を・お」「い・ゐ」「え・ゑ」をそれぞれ一つに統合したものでなければならない。

長慶天皇は、『仙源抄』の跋文の中で、定家による仮名の書き分けの原理が不合理であることを、つぎのように論難している。

定家の仮名づかいでは、仮名の高低を書き分けの基準にするといっていながら、「山のおく」と「おく山」とでは、「お」の高低が違っている。仮名それ自体は意味を持たず、それらがいくつか集まって意味を表わすのであるから、そもそも、仮名を単位にして考えるのが誤りである。これが、その大体の趣旨である。

アクセントそのものは変化してしまっていても、語頭音節における高低一致の法則が保存されていたなら、「山のおく」と「おく山」との「お」の高さが違うということにはならなかったはずであるから、その法則も十四世紀末には失われていたことが、これによって知られる。もとより、長慶天皇としては、それが、アクセント史のいたずらであるとは気付いていない。「緒の音・を」「尾の音・お」とあるから、音が基準になっているのかと思うとそうでもない、といっているところを見ると、この「緒の音・を」「尾の音・お」という趣旨も正しくは理解されていないようである。まして、ここでは「を・お」以外の同音の仮名までも、やはり高低に基づいて書き分けられているはずだという前提で検討されているので、結局、

音《おん》にもあらず儀(=義)にもあらず、いづれの篇につきて定めたるにか、おぼつかなし

という評価をくだすほかはなかった。

医師篤成《あつしげ》が「しほといふ文字は、いづれの篇にか侍らん」と尋ねられ、見当違いの答えをして恥をかいたという話が『徒然草』一三六段に見えている。ここに「いづれの篇に」といっているのも、やはりその場合と同じように、どういう典籍に、という意味であるから、要するに、定家による規定は典拠不明だというのである。あるいは「旧き草子」というのを、そういう事柄を記した特定の典籍として理解したものであろうか。

このようなわけで、長慶天皇は、定家の仮名づかいが支離滅裂であると考えたので、「此の一帖（『仙源抄』）には文字づかいを沙汰せず」という立場をとっている。

正書法に従わずに表記された語句を、第二字以下の仮名まで以呂波順に排列しているというのは、いかにもかってなやりかたであるが、実際には、まったく検索に支障をきたしていない。最初の仮名が共通する項目ごとにまとめられ、それらが以呂波順に並べられてさえいれば、収録項目が少ないために、あとはどうなっていようと、さがしている項目があるかないかは、ひと目でわかってしまうからである。全体の項目数が少ないから、「を・お」「い・ゐ」「え・ゑ」も、それぞれ、一つにまとめられていた方が都合がよい。言いかえるなら、最後の仮名まで以呂波順にしたことが、ここでは弊害すらも生じていないということなのである。実際、そういうつもりで見てみなければ、「いはけなし」のあとに「いと」が並んでいることが、実は、そのように意図的に並べられているのだという事実に気付かないほどなのである。

『源氏物語』の文章を書写しようということであれば、仮名づかいが切実な問題になるが、この程度の項目の抜粋で、しかも、それぞれに注を加えて意味を明らかにしておくのであれば、ほんとうは、仮名づかいなどどうでもよかったわけであるし、第二字以下の仮名についての以呂波順というのも、かなり大量の項目を排列する場合に、はじめて意味を持ちうるのであって、こういうところに使ったのでは、気がきいて間が抜けた、一つの遊戯にしかなっていない。

アクセント変化のトリックが見破れなかった以上、議論の内容が見当はずれになってしまったことは、やむをえないが、それを離れて、理論家としてかれを評価するにしても、これでは失格である。なによりもまず、かれは、なぜ定家が仮名づかいを定めたのかを理解していない。そして、原理を原理それ自体として吟味し、受容を拒否してしまったのである。行阿の事大主義と対照的であるが、見識に欠けている。最後の仮名にまで以呂波順を適用したことについても、その効果が計算されていない。これは、かれの基本姿勢が、実用から出発して実用に寄与するという、定家の精神とまったく無縁であることを証明している。表記にかかわる問題を、実際の運用と切り離して、理念的にだけ考えてはならないという意味で、この仮名づかい論は、今日でも大きな教訓的価値を持つであろう。

定家仮名遣の確立

『仮名文字遣』が編纂されて以後、約三百年、この仮名づかいは軌範として広く受け入れられるようになり、その線に沿ったさまざまの伝書の類が作られるとともに、改訂増補版と呼ぶべきものもつぎつぎとあらわれ、次第に定着していった。歌道にたずさわる人びとにとっての主要な関心は、なぜそう書くかでなしに、それをどう書くべきかにあったのであり、全体が一つの軌範としてくくられてさえいれば、「をとこ」であろうと「おとこ」であろうと、その定めに従おうということだったのである。また、『仮名文字遣』を通覧しても、そこに体系や理論を見いだすことができない。一つの語をこう書くのなら、もう一つの語はこう書くはずだ、という予知可能性(predictability)にも欠けている。あるのはただ、どの語をどのように書けばよいかという個別的な規定であるし、利用者もまた、それを求めて検索したということなのである。

この仮名づかいが、ある程度の地歩を確立するまでの間は、たしかに、定家卿の権威が大きく物を言っていたであろうが、ひととおり広まったそのあとでは、そういう権威づけも、いつのまにか必要がなくなっていた。仮名づかいの軌範にとってなによりも大切な条件は、社会性を持つこと、すなわち、自分の書いたものが他人にわかり、他人の書いたものも自分にわかる、ということなのであって、定家仮名遣は、まさにその社会性を獲得したからである。

もとより、社会性といっても、それは、歌学の世界を中心として、和歌・和文に親しむ人たちによって形成される、ごく狭い社会において通用したということである。もっと広い社会では、不文律として発達したある程度の約束ごとに従うだけで、規範にとらわれることのない、表音的用字とでもいうべきものが普通に行なわれていた。

『和字正濫抄』

仮名づかいといえば、定家仮名遣をさす、という一種の安定状態に大きな一石を投じたのが、江戸時代の僧、契沖である。契沖は『万葉集』の訓詁注釈を志し、『万葉代匠記』をあらわしたが、その研究の過程において、古代の仮名の用法が、行阿の

『仮名文字遣』に定めるところと非常に違っていることを見いだした。古代の形がすなわち正しく、それに合わない形は乱れであると考えたのは、国学者としての基本的発想として当然であるが、かれは、定家仮名遣がそれと別の原理によっているのではないかなどとは考えてもいない。親行がすでに間違っていたのか、行阿による増補に誤りがあるのか、と疑っている。そこで、かれは『和字正濫抄《わじしょうらんしょう》』五巻をあらわして、古代の用字がどのようになっていたかを、たとえばつぎの例のように、できるかぎりその典拠をあげて示している。

石綱　いはつな万葉　絡石なり、つた

嘶　いはゆ和名集、いなゝくとも、いはえとはたらく故に、駒いはふ声なとよまんはひが事なり

『和字正濫抄』とは、和字、すなわち仮名の濫《みだ》れを正す書という意味であって、これは一六九五年に刊行されている。

その翌年、橘成員は『倭字古今通例全書』八巻をあらわし、「なんぞ旧記になづまんや」として、契沖の復古主義を根本的に否定し、定家仮名遣を擁護した。契沖は異常なほどに激怒して、ただちに『和字正濫通妨抄』五巻を執筆し、一年たった一六九七年に書き上げている。かれはその中で成員を「背面先生」と呼び、悪罵を浴びせか

けているが、考証は前著以上に詳細になっている。あまりにも激しいことばで書かれたためか、これは、さらにもう一年あとの一六九八年に『和字正濫要略』一巻としてまとめなおされたが、両書とも生前には公刊されずに終っている。

契沖のこの仮名づかいは、その後、国学者たちに支持され、研究も継承されて次第に固められていったが、定家仮名遣の基盤は、すでに、その程度の衝撃で簡単に崩壊してしまうほど、もろいものではなくなっていたから、一般には依然として強い勢力を持ち続けた。しかし、明治になって契沖のかなづかいが国定教科書に採用され、また公文書にも用いられるようになったために、急速に衰退の道をたどり、事実上、消滅したのである。その結果、一九四六年に「現代仮名づかい」が公布されるまでの約七十年間、契沖かなづかいは日本語の表記を支配しつづけることになった。現在、古典の教科書に用いられている歴史的仮名づかいが、すなわちそれである。

契沖と以呂波

契沖は、古代の文献に見られる仮名の用法に基づいて、以呂波四十七字を使い分けようとした。その裏付けとして、『和字正濫抄』には、以呂波についての解説とともに、「いろは略注」と題して、かなり詳細なその注釈までが添えられている。以呂波が、かれの仮名づかいのよりどころとして、いかに重視されていたかは、この一事からも十分に察知することができる。われわれの主題にとって、この点は非常に重要である。

奈良時代の真仮名の文献には、平仮名よりももっと細かい書き分けが認められるが、契沖はこの事実に気付かなかった。かれは、真仮名であろうと平仮名であろうと、以呂波四十七字が区別されるということに最初からきめこんでいたので、そういう先入観をもって真仮名をとらえてしまったのである。以呂波では、たとえば「こ」の仮名に相当する音節が、奈良時代には、発音の違いに応じてkoとkŏとの二種類の仮名で書かれており、したがって、「心」という語は、「許許呂」「己々呂」「許己呂」など、さまざまに表記されているにもかかわらず、「コ」の仮名の一つとしてもっとも多用される字母の一つである「古」を用いた例がまったく見いだせない、というような顕著な事実は、かれの目の前を素通りしてしまうことになった。

契沖の方法

契沖による仮名づかい研究については、実証主義、ないし実証的ということばをもって説明されることが多い。もちろん、そこには肯定的な評価がこめられている。

しかし、文献資料に基づいて物を言いさえすれば、それがただちに実証主義であるといえるはずはない。実証主義（positivism）というのはなにに基づいてと同時に、どのようにを含めての、方法上の用語だからである。以呂波の枠組みによる真仮名の体系化というところまでが、十七世紀に生きた契沖の限界であったということなら、それは一つの評価のしかたであるが、そこにとられた方法を実証主義と呼ぶことは見当はずれになるであろう。もしも、そのことばを使うなら、まだ実証主義は芽生えていなかったとでもいうべきであろうか。

定家の仮名づかいはともかく、定家仮名遣の場合には、ある一つの語を、どのように表記するかを定めてあっても、つきつめてゆけばその根拠は曖昧である。しかも、あとの時期になるほど根拠がわからなくなる。ということは、観点を変えていうならば、どういうことばについてでも、軌範的表記の設定が可能であったことを同時に意味している。また、実際的な運用に即して、支障を生じない範囲での許容を認めている。それに対して、契沖のように、すべての語について古代文献による裏付けを必要とする立場をとると、確例の見いだせないものについては、表記のしようがない。しかし、それでは動きがとれないので、語源解釈をして切り抜けざるをえなくなる。そういう例を一つだけあげておこう。

「ゐ」の条の末尾に「守宮、ゐもり」という項目がある。水中に住む、あの腹の赤いイモリのことであるが、文証が得られない。そこで、まず「仮名未考」と断ったうえで、ここに引用しきれないほどの長文の注を加えているが、その内容となると、まことにたわいのないものである。トカゲは長くてイモリは平たい。トカゲの年とったのがイモリになるのであろうとか、アマガエルの年とったのがイモリになるとも聞いたが、なるほどそうもあろうかと思った経験があるとか述べたうえで、これは壁などを離れないから「居守」なのか、あるいは「井」にも住んでいるから、それで「井守」なのかと疑っている。「井」にいるのを「ゐもり」、「屋」にいるのを「やもり」というのは文証がなく、俗説であるとしめくくっているが、文証がないという点では「居守」「井守」にしても同じはずであって、ただ、これに従えばどちらをとっても「ゐもり」になるところがみそになっている。というよりも、そうなるように語源解釈を与えたということなのである。現今の学界における共通理解がどうあろうと、筆者にはこれが帰納的方法だとは思われないし、その方法が実証主義的であるとも考えられない。

仮名づかいを制定する真の目的は、表記を社会的に固定するところにあり、したがって、大切なのは、一語一語の綴りを確定することである。定家仮名遣は、その目的を、かなり理想に近いところまで実現していた。したがって、契沖による復古的な仮名づかいの提唱は、事態に混乱を招く破壊的な雑音でしかありえなかった。根拠がないと批判されて、その根拠は四声、すなわち仮名の高低にあるのだと、すでに事実に合わなくなってしまっている伝承をもって反駁したりしたために、すれ違いの理論闘争になったが、橘成員によって代表されるような定家仮名遣擁護論には、それを守り通すべき現実的な理由があったのである。現実的なというのは、この場合、そのまま、正当なと言いかえることができる。契沖の正しい理論に、頑迷な歌学者たちが耳を傾けようとしなかったというとらえ方は、修正されなければならないであろう。

口語表記のための仮名づかい

『和字正濫抄』が世に出て以来、今日まで約三百年間を経過しているが、その期間に、これといった大きな音韻変化は起こっていないし、その当時のことばは、すでに現代の口語に非常に近いものになっていた。したがって、当時の人びとにとっての契沖仮名づかいというのは、日常語との距離の大きさにおいて、ちょうど、いまのわれわれにとってのそれと、同じようなものであったと考えてよい。

『古事記』や『万葉集』、あるいは『古今和歌集』や『源氏物語』、そして、それらの延長としての連歌や俳諧などという、いわば現実から遊離した場における遊び事としてならともかく、日常語一般についてまで、口語と大きくずれた表記を要求されるとなると、それは大きな負担である。

表記の約束というのは、読むがわと書くがわとに、同内容のものが完全に共有されていなければならない。したがって、教育が組織化されていない社会において、あまりめんどうな正書法は庶民層にまで普及しにくい。契沖と橘成員とが躍起になってどのような論争を交わそうとも、庶民は庶民なりに、口語に即した表音性の強い表記を捨てなかった。滑稽本・洒落本・人情本・黄表紙といったたぐいの読み物は、

北八「コレ　弥次《やじ》さん。マアしづかにしねへ。かわへそふに御ていしゆのしつたことじやアねへ。道づれにしてきたは。こつちがわりい。どふもしかたがねへと。あきらめなせへ」〔東海道中膝栗毛・後編〕

というような形で提供され、享受されていたのである。寺子屋で以呂波の手習をおぼえることが、そのまま以呂波仮名づかいを身につけることに直結していたわけではない。

このように考えてみると、明治政府が初等教育の場に契沖の歴史的仮名遣を持ちこんだことは、たいへん大きな問題であった。もちろん、それは定家仮名遣の方を選ぶべきだったということでもない。庶民の間で自然に開発された、したがって、それだけ口語によくなじんだ表記をそのまま取り入れにくかったこともよくわかるので、その選択がなされたこと自体は、やむをえない処置であったというべきかもしれない。しかし、動機や理由はどうあろうと、それが選択されたことによって、すべての国民が『万葉集』や『源氏物語』の世界のための仮名づかいで、日常語を表記せざるをえないところに追いこまれてしまったのである。定家以来、仮名づかいそれ自体は長い歴史を持っていても、日常語の表記について、その規範のありかたが真剣に考えられたことはなかったのである。

「現代仮名づかい」が内閣訓令として公布されたのは、昭和二十一年（一九四六）十一月、すなわち、太平洋戦争終結から、わずか一年三箇月後のことであった。これが、口語を表記するために考えられた、歴史上、最初の仮名づかいである。「ゐ」「ゑ」が捨てられて、以呂波仮名づかいでもなくなっている。

それがこれほど短期間にできあがったのは、占領軍総司令部（G. H. Q.）の指示が絶対的なものであったからには相違ないが、ともかく、その気にさえなれば、いつでもやれないことはなかったのだということを、事実をもって証明している。本来なら、明治政府がすぐにでも取り組んで、なんらかの方策を講じておかなければならなかったことを、七十年も放置しておいて、そのあげく、占領軍の強制によって、一夜にして実現したというのは、なんとも情ないことであった。しかし、方向として大きな前進であっても、その時点において、問題のすべてが解決されているわけではない。「現代仮名づかい」は、あまりにも短期間に作りあげられたために、現代語それ自体の観察から導かれたものではなく、歴史的仮名遣をもとにした、その改訂という形をとっており、また、いろいろの矛盾した立場の妥協として成立したと見られるふしもあるので、もう一度、根本的に見なおされなければならない。大地震を起こしたままの不安定な地盤を、計算された余震によって安定させることが必要である。そのためには、漢字仮名まじり文の構成要素であるところの、仮名づかい、漢字、送り仮名、そして句読点の使用が、相互の有機的な連関において、理論と実践との両面から検討されなければならない。こういう問題との取り組みには、ゆっくり急げの構えで臨むことが肝要である。

原本あとがき

文字は言語そのものではないが、言語の直接の投影であり、また、伝達のための重要な手段でもあるから、文字をとおして過去の言語をとらえ、そして、その運用のありかたの中に言語文化の諸様相をさぐることが可能である。本書の主題は、そのような観点から設定されている。

日本語音韻史の講義では以呂波を素通りできないので、これまで、本務の東京教育大学および筑波大学のほか、その領域についての講義を委嘱された金沢大学・東洋大学・学習院大学などでも、筆者の見解を開陳する機会があった。あるときには軽く触れるにとどめ、またあるときには、かなりつっこんだ話をしたが、もし、そういう講義に出席した諸君が本書を読んだとしたら、大小の相違点を随所に見いだすことであろう。話をしたことによってまた新たに考えなおすという、大学の教壇にある者の特権を生かしてのささやかな進歩と認めていただくほかはない。ただし、一般読者を対象に執筆したので、大学の講義よりは、本書の方がわかりやすくなっている。

なお、第七章は、文部省科学研究費による研究成果の一部を、平易に叙述したものである。

『日本語の世界』の一冊として「日本語の音韻」を、編集部の和田恒氏に励まされて書きあげ、ほっとしたころ、「いろはうた」についての私見をお話したら、中公新書に橋渡しの役をつとめてくださった。ずっとあたためつづけてきた主題をこういう形で世に出すことが出来たのは、和田氏がきっかけを作ってくださったおかげである。早速、余勢をかって本書を執筆したが、こちらが先に日の目を見ることになった。たがいに独立した内容にしたつもりであるが、おのずからあい補う面も少なくない。たとえば、仮名がなぜ清濁の区別をしない形で成立したか、また、濁点はどのような経緯で発達したかというようなことは、そちらの方に詳しく述べられている。関心をお持ちのかたは、あわせてお読みいただければ幸いである。

校正刷になった段階で叙述の不備な箇所を見いだしたので、それなりに手を加え、用語や表現も改めた。それで筋がとおると思ったが、編集担当の竹見久富氏は、筆者の数倍の注意力をもって内容を綿密に検討し、数えきれないほどの欠陥を指摘してくださった。その助言に従って書き改めたので、印刷所にはたいへんな迷惑をおかけしたが、ずっとすっきりした文章にすることができた。最初の読者である竹見氏が、すみずみまで理解しつくしたうえで訂正案を提示してくださったことに、心から感謝したい。

一九七九年十一月

筆者識

学術文庫版あとがき

本書を復刊してほしいという要望がときおり筆者のもとに寄せられていたが、版元には連絡しなかった。なぜなら、力を込めて書いたつもりの筆者にとっては愛着があっても、はたして、こういう遅効性の本をどれほどのみなさんにこれから読んでいただけるのか自信がもてなかったからである。

学術文庫に本書を加えたいというお誘いをいただいたときはたいへんうれしかったが、右の疑問がなお残ったのでGoogleで検索してみたところ、講義の参考文献や推薦図書のリストにしばしば顔を出しているだけでなく、狭義の専門以外のかたがたによる本書への言及が近年でもかなりあることがわかった。

それらのひとつに、「小松英雄『いろはうた』（中公新書）がとんでもない悪書。」（闇黒日記）というのがあってびっくりしたが、国語政策についての筆者の見解に対する極端な保守主義者の批判で、反論するに値しないものであった。それ以外は、知識として本書を引用したものや、筆者の方法を積極的に支持してくださるものばかりであった。毎日、図書館にかよった末に、「本書は重版未定の品切れ状態が続いている。ちょっと高かったけど、思い切って古書を注文した」という好意的なブログを見つけて、大いに励まされた。

*

本書の前身に当たる中公新書版の思いがけない波及効果として、以呂波に暗号が埋め込まれているという主張があい次いで公刊されたことは計算外だった。以呂波を七字区切りにして横に並べると、「いろはにほへと、ちりぬるをわか、……」と、各行末尾の仮名が「とかなくてしす」となる。「咎《とが》なくて死す」は仏教徒の理想であり、この誦文の趣旨にもピッタリなのに、筆者は、それを、作者のあずかり知らない幻影であると結論づけている（五四頁以下）。その結論に納得せずに、そのコトバを特定の人物が特定の意図のもとに隠した暗号だと考えたもので、複数の解釈が単行本で刊行されている。また、『古今和歌集』（雑下・九五五・物部良名）の「同じ文字なき歌」（三三二〜三三五頁）についても緻密な謎解きの試みがなされている。強引で荒唐無稽なものもあるし、筋道を立てた精力的研究もある。

仏教思想を端的に表明した以呂波から「咎なくて死す」が導き出されれば、偶然とは思えない、その気持ちは十分に理解できるが、そんなことが起こりうるはずはないと断言できるほどの偶然が現実にはいくらも起こっている。記憶に新しい事例をひとつだけ挙げておこう。

高速道路のトンネルの入り口で、乗用車四台による衝突事故があった。車道に飛び出したネコを避けてガードレールに激突した男性は六月六日生まれ、それに衝突した女性は七月七日生まれ、車道を塞いだ最初の車に衝突した男性は八月八日生まれ、そして、最後に衝突した男性は九月九日生まれであった。全員が軽傷で済んだのは誕生日の偶然がもたらした幸運だと四人は喜びあった（台湾『自由時報』二〇〇八年八月十二日の記事を要約）。

過去の文献から有意の（significant な）情報を引き出そうとする場合に不可欠なのは、鋭敏な感受性（sensitivity）と、洗練された感性《センス》（sensibility）、そして、透徹した洞察（insight）とイマジネーションであると筆者は考えている。どのひとつが欠けても説得力が損なわれるが、イマジネーションの欠如した研究ほど退屈なものはない。ただし、奔放なイマジネーションを野放しにすると、筋道を立てて考えることが不得意な活字信仰の人たちの心しか躍らせることのできない夢物語《ファンタジー》に終わってしまう。本書で取り上げたような対象を取り扱う場合には、正道から逸脱して夢物語の世界に迷い込む落とし穴がいたるところに待ち構えている。「咎なくて死す」の暗号説を筆者が排除したのは、対象を巨視的視野から客観的に捉えることを忘れて構築された、飛躍に富むファンタジーのひとり歩きとみなさざるをえないからである。

小倉肇「〈大為尓歌〉再考」（参考文献参照）は、鋭い洞察と、適切に制御されたイマジネーションの所産である。筆者の仕事が、このように行き届いた推論の踏み台になりえたことを喜びとしたい。細部にわたれば議論の余地が残されているにしても、大為尓を「まるでたわごとのような内容である」（一八七頁）と評したことを撤回し、戒めとしたい。対象をなめてかかると対象は真実を語ってくれない。

近藤泰弘「承暦本金光明最勝王経音義の以呂波歌について」（参考文献参照）では、つぎの結論が導かれている。

① 本音義の以呂波はいつかの段階で五十音図から改編されたものである。
② 大字・小字の使い分けには仮名の通用度という基準が適用されている。
③ 平声・上声は五十音図の各段ごとに統一されている。

右のふたつの論考は、方法のうえで学ぶべきところが多いので専門の研究者や研究者を目指す人たちにぜひ一読を勧めたい。ただし、どちらも専門的知識がないと歯が立ちにくい。

＊

『いろはうた』という書名は百科事典の一項目を思わせるが、「はじめに」で断ったとおり、「いろはうた」に関するあらゆる事柄を網羅的に提示しようとしたものではない（一二頁）。筆者のほんとうのねらいは副題の「日本語史へのいざない」のほうにある。過去の日本語に関係する事柄ならなんでも国語史だ、過去の文献はなんでも資料だという、〈史〉を名乗りながら手放しに〈史〉とはよべない国語史研究の伝統から脱却して、日本語の歴史を解明する研究の方法を確立することが急務であるという認識のもとにこの主題を選んだものである。日本語はどこから来たか、というたぐいの俗受けする問題設定は日本語史の解明と無縁である。

新書版の「あとがき」を、筆者はつぎのように書きはじめている。

文字は言語そのものではないが、言語の直接の投影であり、また、伝達のための重要な手段でもあるから、文字をとおして過去の言語をとらえ、そして、その運用のありかたの中に言語文化の諸様相をさぐることが可能である。

学術書の体裁をとらなかったのは、日本社会における日本語に関する認識のレヴェルを大幅に底上げしなければ、健全な日本語史研究の土壌は醸成できないと考えたからである。そのためには、言語史のありかたについて正面から論じるよりも、身近な対象を選択して遠回しに歴史のありかたに迫るほうが有効だと判断して新書の形にした。学術文庫版としての復刊も願いは同じである。

筆者には、本書に先だって『国語史学基礎論』（笠間書院・一九七三年。書名は「日本語史研究基礎論」とすべきであった）があり、本書のあとに、日本語史を直接に扱った『日本語はなぜ変化するか』（同・一九九九年）と『日本語の歴史』（同・二〇〇一年）とがある。日本語の歴史は現代日本語に軸足を置かなければならないというのが筆者の一貫した主張であり、本書でも、不十分ながら阿女都千から大為尓、以呂波を経て定家仮名遣、歴史的仮名遣、現代仮名づかいへと至る過程を跡づけている。文字を支えているのは言語であり、言語は言語共同体の伝達媒体である。

今は昔、一九五〇年代の日本で言語学を学んだ筆者は、人間を徹底的に排除することによって言語を客観的に捉えようとするアメリカの記述言語学に無批判にのめりこんでいたが、一九六一年、当時における言語学のメッカ、ミシガン大学に赴任したら、驚いたことに、アメリカ言語学のバイブルとして君臨していた Bloomfield《ブルームフィールド》 の *Language* がもはや絶対ではなくなっており、一世を風靡した Gleason《グリースン》 の *Introduction* も言語学入門のクラスから姿を消しかけて、Chomsky《チョムスキー》 の斬新な学説が話題になりつつあった。意味の厚い壁にぶつかって前進できなくなった人間不在のメカニズムに代わる新しいメンタリズムの台頭であった（ちなみに、日本語訳が刊行されたのは、ブルームフィールドが一九六二年、グリースンが一九七〇年である）。

　その後、帰国して文献資料に密着した研究に従事しているうちに、筆者は、それぞれの文献の背後に意志をもつ個人、あるいは集団が存在することを明確に認識するようになった。記述言語学の限界を打破した生成文法には人間が復活したが、それは脳と心《マインド》をもつ人間一般であって個性は関係がない。本書は、記述言語学の呪縛から解放され、言語学の新しい波に乗り換えることをためらった筆者の関心がどの方向に向いたかを端的に指し示している。この前後から筆者は文献学的アプローチを積極的に提唱するようになり、今日に至っている。

　研究の基本姿勢を転換したことによって、阿女都千を作った人物も、源順も源為憲も、そして藤原定家も契沖も、個性豊かな見ぬ世の友になった。

＊

本書を中公新書の一冊として執筆したときは、同編集部の竹見久富氏に丁寧に指摘していただいて癖のある文体にアイロンをかけることができたが、現在の筆者の文体はさらに違ってしまっているので、久しぶりに読み返してみると、モタモタした言い回しが気に入らないし、用字の基準も現在と同じではない。しかし、言い回しに手を付けたら内容にまで随所に手が及ぶのは必定であり、本書を論著に引用してくださったかたがたを二階に上げたままハシゴを外す結果になりかねないので、原則として目をつぶることにした。判型の切り替えにともなう行替えなどに対処する調整が不可避であったし、現存しない「国語審議会」に簡単な説明を加えたり、新書版との時間のズレを調整するための小さな手入れをしたりした部分はあるが、骨子に関わる変更は加えていない。なお、校正の段階で綿密きわまる校閲をしていただき、前版に含まれていた誤記や曖昧な表現を少なからず改めたことを付言しておく。

学術文庫に誘ってくださったのは、十五年ほどまえに『やまとうた』（講談社・一九九四年）の編集に協力して索引も作成してくださった現学術文庫出版部副部長、稲吉稔氏である。学生時代に本書を愛読してくださったとのことで、筆者にとっては、こういう御縁がいちばんうれしい。

筆者は、本書執筆以後、定家の用字原理の究明から日本語の書記史、さらには仮名文の表現解析へと進んだが、その過程で幸運にも京都精華大学の石川九楊教授と何度か膝を交えてお話しする機会があり、毛筆の繊細な表現力を駆使した平安時代の古筆のすばらしさに開眼することができた。最近は散らし書きの記号論的解析に取り憑かれている。古筆に関して師に当たるその石川教授が学術文庫版の解説を執筆してくださるとのこと。光栄の至りである。

二〇〇九年一月

小松英雄

解説　女手と日本語

石川九楊

小松英雄の日本語学の方法

日本語学、国語学の碩学・小松英雄の著書には、刺激的な魅力があり、また有無を言わせぬまでに徹底した論証がある。

たとえば、『土左日記』の、「をとこもすなる日記といふものを、をむなもしてみむとてするなり」（傍点筆者）に、「女文字」ひいては「男文字」という語が隠されているという指摘、あるいは、『伊勢物語』の「むかしをとこありけり」の「をとこ」は「をとめ」と対であり、「をとこ（青年）がいた」と書かれていれば、さて次にどんな乙女が登場するか期待をもたせることになるだろうという指摘などなど、小松英雄は、いわゆる国文学の常識的解釈を鮮やかに転覆し、読む者をしてなるほどと納得させる説得力をもって、鮮やかに日本の古典文学へと誘いこむ。本書について言えば、四十七文字からなる「いろはうた」を中心に据えて、日本語の音韻と仮名遣い、つまり声と書字の日本語史に切り込んでいる。

学者以外をも巻きこむ小松の魅惑的な学問はどこから牛れてくるか。それを解く鍵は、本書、学術文庫版あとがきの中の「帰国して文献資料に密着した研究に従事しているうちに、筆者は、それぞれの文献の背後に意志をもつ個人、あるいは集団が存在することを明確に認識するようになった」という一節に隠れている。

一は「文献資料に密着した研究」であり、二は、言葉の背後に「意志をもつ個人、あるいは集団」を想定する、つまり「個性」を見ようとする立場である。

一の「文献資料に密着した研究」は、一語が一字であることによって、文字が即言語そのものであるかのごとくにふるまう漢字＝漢語を共通語とする東アジアの言語には欠くことはできない。文字と書字の問題を捨象してしまっては、言語の実態に肉薄することはできないからである。その証拠としては、二〇〇八年の北京オリンピックの各国選手団の入場が西欧式の「a、b、c」の音の順ではなく、「几内亚（ギニア）」に始まり、「赞比亚（ザンビア）」に終る漢字の画数順であったことを想起すればよい。

むろんさまざまの定義法はあろうが、東アジアの東海の孤なりの群島で使われている日本語は、漢字と平仮名と片仮名の三つの文字をもつ二重複線の言語である。三つの文字を必要とする言語が他にあるとは思われないから、その意味で、日本語は世界にも稀れな不思議な構造をもち、一筋縄では解明できない。ごく大まかに言えば、日本語は、漢字語（漢語・音語）と平仮名語（和語・訓語）と片仮名語（外来語）の語彙と文体（漢字文・仮名文・翻訳文体）から成る。

このような日本語においては、漢字・平仮名・片仮名のどの種類の何という文字が使われているかのみならず、それがどのように書かれているかという、「書きぶり」すなわち「書（書字）」の問題にまで分け入ることによって、はじめて、ほんとうの意味が明らかになる。『日本語の音韻』という著書をもつ小松英雄が、「文献資料に密着」することによって、日本語の表現の深みに肉薄せざるをえないのである。

第二に、人間にとって必須の言葉や言語を扱うためには、素通りすることのできない難関が待ちうけている。活字化された言葉に馴れた我々はつい忘れがちだが、言葉はたえず現場をひきつれ、スタイルとともにある。言（はなしことば）についていえば、その声の強弱や高低、長短、アクセントなどの具体的な「話しぶり」をぬきに、真の意味にたどりつくことはできない。

どの辞書にも記されてはおらず、にもかかわらず誰もそれを知り、実際に使ってもいることだが、皮肉をこめて、あるいは吐き捨てるように「賢こい」と言えば、賢明どころか愚昧の意味に反転する。言葉は、その歴史的に形成されてきた意義を肯定する力と、逆にそれを否定しようとする力の矛盾、せめぎあいの上に、辛くも存在を保証されている。言葉は「しかし」という逆説なしには生きられないのだ。

文（かきことば）についても同様で、「書きぶり」をぬきに、その真の意味にたどりつくことはできない。近代以降の文学は、活字印刷の形態をもって、その基準とし、それゆえ活字と活字が形成する文体のみにて十全な表現たらんと化したが、近代以前の文学については、字体や書体の如何、つまり文字の点画の書きぶり（文体《スタイル》）の強弱や遅速、角度をぬきに、その真の意味に接近することはできない。

声の「話しぶり」や、文字の「書きぶり」の如何は、肯定と否定の極を往還する不安定な言葉というものの表出の位置を定める。小松英雄の記す「意志をもつ個人、あるいは集団」を言葉の背後に見ることは、言葉や言語を解き明すためには、必須の前提である。小松は個別的でしかありえない言葉に文学者のように分け入る数少ない日本語学者である。音韻と書字、また普遍と個別の両極を往還するその独創的、と言うよりも普遍的な方法が、ほとんど解明しつくされたがごとき国語学、日本語学の中で、次々と新しい驚きに満ちた発見を生んでいるのである。

ちなみに、「国語・国文」とは、東アジアの共通語たる漢文・漢字外の地方語、つまり和語・和歌・和文を指す。

日本語の歴史

書き残された肉筆文献である「書」を読みこんでいくと、中国を中心とする東アジア史は、西暦六五〇年頃を分水嶺として、前史と後史に分れる。前史は、東アジアが一体の繋がりをもってともに歩んでいた時代。後史は、大陸（中国）・半島（韓国・朝鮮）・南方（越南）、そして東海の弧島（日本）が分節され、それぞれ相対的に独立を果たす時代である。ちなみに、六五〇年頃は、漢字の一点一画を「トン・スー・トン」式の三折・立体法で書く、完璧なる楷書が生まれた時期である。

同様に、日本の「書」を読み込んでいくと、紀元前二〇〇年頃には、大陸の漢字、漢語によって文明化段階に入り、「漢委奴国王」印が下賜された西暦紀元頃には、漢文、漢語と東アジアの政治制度を知悉するようになり、この漢字と漢語との接触の中から、これに対抗するように、いわゆる和語の輪郭が形成され、漢語との棲み分けもなされていった。六五〇年以降、そのピッチは速まる。そして、西暦九〇〇年過ぎから一〇〇〇年を分水嶺に、日本史は前史と後史に分れることが歴然とする。前史の最後に位置するのが、いわゆる三筆（空海・嵯峨天皇・橘逸勢）。

三筆の書は、一方では東アジア共通の規範を忠実に吸収し、他方では、漢字、漢語からの脱却の意志を雑体書風の「異形の漢字」の書きぶりにこめている。この雑体書は、借字や万葉仮名という名の「異形の漢字」に通底する表現である。

後史の劈頭と言うべきか、分水嶺上の書が、いわゆる三蹟（小野道風・藤原佐理・藤原行成）の、点画がくなくなした軟弱な和様の書である。大陸の書には決して見ることのできないこの「書きぶり」は、現在の平仮名の祖である女手の、連続的で浮沈を伴った書法が、漢字に逆流入して、漢字の書法を再組織することによって生れたもの、いわば「女手化した漢字」である。

「奈良・平安・鎌倉・室町……」――と日本の歴史は、都の所在地で分類するのが常であるから、三筆も三蹟も多少の違いはあるにせよ、大差なき平安時代の書として扱われているが、女手が成立していない九〇〇年以前は、極端に中国似の擬似中国時代。女手成立以降は、現代にも直結する日本時代。両者間には、隔絶した違いが横たわっている。その差をもたらしているのは、女手（平仮名）の成立の如何なのである。

女手が生れることによって、九〇〇年代初頭には、女手歌＝和歌集『古今和歌集』が生れ、九三五年には女手日記『土左日記』が書かれ、一〇〇〇年過ぎには『源氏物語』や『枕草子』が成立していることは言うまでもない。

日本語が、漢字と平仮名と片仮名、つまり漢語と和語と片仮名語からなるという構造は九〇〇年から一〇〇〇年にかけての女手の誕生と磨き上げとともに生れた。筆記体たる女手は、歌と文の両領域にまたがって女手の文体を生み、ここに二重複線言語・日本語が成立したからである。

この渦中に、音韻と文字の整理のために、「あめつち（阿女都千）」や「たゐに（大為尓）」や「いろは（以呂波）」がつくられた。その「いろは（以呂波）」を中心にして、日本語史を明らかにせんと企てられたのが本書である。例によって、あらゆる可能性について無視することなく、いちいちしらみつぶし式に検討を加えた、魅惑的な作品である。

小松のこの作品『いろはうた』は、女手の成立精製とともに、日本語の音韻までもが変化していったさまを刻明に描き出してもいるのである。


（書家・京都精華大学教授）

参考文献

池田亀鑑　『古典の批判的処置に関する研究』　岩波書店　一九四一年
大矢　透　『音図及手習詞歌考』　大日本図書　一九一八年：勉誠社　一九六九年
大野　晋　仮名遣の起源について　『国語と国文学』　一九五〇年一二月
大野　晋　『仮名遣と上代語』　岩波書店　一九八二年（右の論文を改稿して収録）
「を」「お」の書き分けの原理についての発見だけが、もっぱら重視されているが、論の構成や証明の方法にも同時に注目したい。
大野　晋　藤原定家の仮名遣について　『国語学』　七二集　一九六八年三月
小倉　肇　「〈大為尓歌〉再考」　『国語学』　二一二集　二〇〇三年一月
亀井　孝　「あめつち」の誕生のはなし　『国語と国文学』　一九六〇年五月
亀井　孝　いろはうた　『言語』（言語空間）　一九七八年十二月
四十八字の可能性を想定したもの。発表されたのは遅いが、ずっと以前からの考え。
亀井孝の論著は『亀井孝著作集』（吉川弘文館　一九七一年〜一九九二年）に収録。
金田一春彦　金光明最勝王経音義にみえる一種の万葉仮名遣について　『国語と国文学』　一九四七年十月
金田一春彦　日本四声古義　『国語アクセント論叢』（寺川喜四男他編）　法政大学出版局　一九五一年
それぞれの声調の具体的な抑揚を、あらゆる角度から検討して再構（reconstruct）したもの。方法のうえでも成果のうえでも、この領域における最高水準の論文の一つ。

金田一春彦　国語アクセント史の研究が何に役立つか『金田一博士古稀記念言語民俗論叢』三省堂　一九五三年
金田一春彦『四座講式の研究』三省堂　一九六四年
古代アクセントの実態を知るうえでの望みうる最高の研究書。専門書であるが、難解ではない。
金田一春彦の論著は『金田一春彦著作集』（玉川大学出版部　二〇〇三年～二〇〇六年）に収録。
小松英雄　アクセントの変遷　岩波講座『日本語』5「音韻」一九七七年
小松英雄『国語史学基礎論』笠間書院　一九七三年
小松英雄『日本語書記史原論』補訂版　笠間書院　二〇〇〇年
小松英雄『古典再入門』笠間書院　二〇〇六年
近藤泰弘「承暦本金光明最勝王経音義の以呂波歌について――音図と色葉歌との交渉――」『訓点語と訓点資料』第六六輯　一九八一年
高橋愛次『伊呂波歌考』三省堂　一九七四年
古今の文献に見える以呂波、および以呂波に関する諸事実をきわめて丹念に蒐集整理してある。趣味の結晶としてまとめられたものなので、理屈抜きにおもしろい。本書に失望したかた、および本書によって興味を深めたかたに推奨したい。
築島　裕『平安時代語新論』東京大学出版会　一九六九年
平安時代語についての、包括的で詳細な解説。高度な内容が平明に叙述されている。
築島　裕『歴史的仮名遣い――その成立と特徴』中公新書　一九八六年
馬淵和夫「いろはうた」のアクセント『日本韻学史の研究』第四篇第五章　一九六二年
馬淵和夫　定家かなづかいと契沖かなづかい『続日本文法講座』2　表記編　明治書院　一九五

八年
馬渕和夫『国語音韻論』笠間書院　一九七一年
音韻史に重点が置かれており、文献資料からの具体的引用も豊富なので、本書にとっては、概略的に述べたところについての裏付け、ないし肉付けとしての意味を持つ。

本書の原本は一九七九年、中央公論社から刊行されました。

小松英雄（こまつ　ひでお）

1929年生まれ。ミシガン大学研究員・講師，東京教育大学助教授，筑波大学助教授・教授，駒澤女子大学教授を歴任。現在，筑波大学名誉教授，四国大学大学院講師。専攻は日本語史。文学博士。本書と関連する著書に『日本語書記史原論』『仮名文の構文原理』『みそひと文字の抒情詩』『日本語の歴史』『古典再入門』『徒然草抜書』などがある。

講談社学術文庫

定価はカバーに表示してあります。

いろはうた　日本語史《にほんごし》へのいざない

小松英雄《こまつひでお》

2009年3月10日　第1刷発行
2021年4月23日　第5刷発行

発行者　鈴木章一
発行所　株式会社講談社
東京都文京区音羽 2-12-21 〒112-8001
電話　編集（03）5395-3512
販売（03）5395-4415
業務（03）5395-3615

装　幀　蟹江征治
印　刷　豊国印刷株式会社
製　本　株式会社国宝社
本文データ制作　講談社デジタル製作

ISBN978-4-06-291941-8

「講談社学術文庫」の刊行に当たって

これは、学術をポケットに入れることをモットーとして生まれた文庫である。学術は少年の心を養い、成年の心を満たす。その学術がポケットにはいる形で、万人のものになることは、生涯教育をうたう現代の理想である。

こうした考え方は、学術を巨大な城のように見る世間の常識に反するかもしれない。また、一部の人たちからは、学術の権威をおとすものと非難されるかもしれない。しかし、それはいずれも学術の新しい在り方を解しないものといわざるをえない。

学術は、まず魔術への挑戦から始まった。やがて、いわゆる常識をつぎつぎに改めていった。学術の権威は、幾百年、幾千年にわたる、苦しい戦いの成果である。こうしてきずきあげられた城が、一見して近づきがたいものにうつるのは、そのためである。しかし、学術の権威を、その形の上だけで判断してはならない。その生成のあとをかえりみれば、その根は常に人々の生活の中にあった。学術が大きな力たりうるのはそのためであって、生活をはなれた学術は、どこにもない。

開かれた社会といわれる現代にとって、これはまったく自明である。生活と学術との間に、もし距離があるとすれば、何をおいてもこれを埋めねばならない。もしこの距離が形の上の迷信からきているとすれば、その迷信をうち破らねばならぬ。

学術文庫は、内外の迷信を打破し、学術のために新しい天地をひらく意図をもって生まれた。文庫という小さい形と、学術という壮大な城とが、完全に両立するためには、なおいくらかの時を必要とするであろう。しかし、学術をポケットにした社会が、人間の生活にとってより豊かな社会であることは、たしかである。そうした社会の実現のために、文庫の世界に新しいジャンルを加えることができれば幸いである。

一九七六年六月

野間省一

ことば・考える・書く・辞典・事典

タブーの漢字学
阿辻哲次著

はばかりながら読む漢字の文化史！「且」は男性、「也」は女性の何を表す？「トイレにいく」が「解手」となるわけ――。豊富な話題をもとに、性、死、名前、トイレなど、漢字とタブーの関係を綴る会心の名篇。

2183

記号論Ⅰ・Ⅱ
ウンベルト・エーコ著／池上嘉彦訳

記号とは何か。記号が作り出されるとはどのようなことか。ベストセラー『薔薇の名前』の背景にある、言語、思想、そして芸術への、意味作用とコミュニケーションをめぐる、統合的かつ壮大な思索の軌跡！

2194・2195

五十音引き中国語辞典
北浦藤郎・蘇　英哲・鄭　正浩編著

親字を日本語で音読みにして、あいうえお順で配列。だから、中国語のピンインがわからなくても引ける！「家」は普通「jia」で引くが、本書では「か」。初学者に親切な、他に類のないユニークな中国語辞典。２色刷。

2227

雨のことば辞典
倉嶋　厚・原田　稔編著

甘霖、片時雨、狐の嫁入り、風の実……。日本語には雨をあらわすことば、雨にまつわることばが数多くある。季語や二十四節気に関わる雨から地方独特の雨のことばまで、一二〇〇語収録。「四季雨ごよみ」付き。

2239

日本語とはどういう言語か
石川九楊著

漢字、ひらがな、カタカナの三種の文字からなる日本語。書字中心の東アジア漢字文明圏においても構造的に最も文字依存度が高い日本語の特質を、言（はなしことば）と文（かきことば）の総合としてとらえる。

2277

日本人のための英語学習法
松井力也著

英語を理解するためには、英語ネイティブの頭の中にある、英語によって切り取られた世界の成り立ちや、イメージを捉える必要がある。日本語と英語の間にある乖離を乗り越え、特有の文法や表現を平易に解説。

2287

ことば・考える・書く・辞典・事典

J・L・オースティン著／飯野勝己訳
言語と行為　いかにして言葉でものごとを行うか
言葉は事実を記述するだけではない。言葉を語ることがそのまま行為をすることになる場合がある――「確認的」と「遂行的」の区別を提示し、「言語行為論」の誕生を告げる記念碑的著作、初の文庫版での新訳。

2505

倉嶋　厚監修／宇田川眞人編著
花のことば辞典　四季を愉しむ
古来、人々は暮らしの中の喜びや悲しみを花に託して神話や伝説、詩歌にし、語り継いできた。その逸話の数々を一〇四一の花のことばとともに蒐集。四季折々の花模様と心模様を読む！　学術文庫版書き下ろし。

2545

豊永武盛著
あいうえおの起源　身体からのコトバ発生論
目と芽、鼻と花、歯と葉のように、身体と事物の間に語の共通性があるのはなぜか。語頭音となる「あいうえお」などの五十音が身体の部位・生理に由来することを解明し、コトバの発生と世界分節の深層に迫る。

2548

森　鷗外著（解説・猪瀬直樹）
元号通覧
一三〇〇年分の元号が一望できる！　文豪森鷗外、最晩年の考証の精華『元号考』を改題文庫化。「大化」から「大正」に至る元号の典拠や不採用の候補、改元の理由まで、その奥深さを存分に堪能できる一冊。

2554

山田孝子著
アイヌの世界観　「ことば」から読む自然と宇宙
動植物を神格化し、自然も神も人もすべては平等である！　カㇻ（創造する）、アペ（火）、チェㇷ゚（魚）……驚くべき自然観察眼によってなされた名付けの意味を読み解き、その宇宙観を言語学的に分析する。

2560

金谷武洋著
日本語と西欧語　主語の由来を探る
英語は「神の視点」を得ることによって主語の誕生を準備したが、「虫の視点」を持つ日本語にそれは必要なかった――。英語の歴史を踏まえ、日本語との文化の違いを考察する、壮大な比較文法・文化論の試み。

2565

擬音語・擬態語辞典
山口仲美編

「しくしく痛む」と「きりきり痛む」、「うるうる」と「うるっ」はいったいどう違うのか？　約二千語を集大成した、オノマトペ辞典の決定版。万葉集からコミックまで用例満載。日本語表現力が大幅にアップ！

2295

対話のレッスン　日本人のためのコミュニケーション術
平田オリザ著（解説・高橋源一郎）

異なる価値観の相手と、いかにコミュニケーションを図るか。これからの私たちに向けて、演説・スピーチ・説得・対話から会話まで、話し言葉の多様な世界を指し示す。人間関係を構築するための新しい日本語論。

2299

風と雲のことば辞典
倉嶋　厚監修／岡田憲治・原田　稔・宇田川眞人著

『雨のことば辞典』の姉妹篇。気象現象のほか比喩表現、ことわざ、季語から漢詩、詩歌、歌謡曲に至るまで、「風」と「雲」にまつわる表現を豊富な引用で伝える。日本の空には、こんなにも多彩な表情がある！

2391

暗号大全　原理とその世界
長田順行著

時代や社会の変化とともに発展、進化し、数千年におよぶ人類の叡智がこめられている暗号。さまざまな暗号の原理と実際、そして歴史的変遷を平易に解説した、情報化時代に必読の〈日本暗号学〉不朽の古典！

2439

言語学者が語る漢字文明論
田中克彦著

漢字は言葉ではない、記号である。漢字にオトは必要ない。どの言語でも漢字を「訓読み」できる。周辺地域の文化は漢字をどのように取り入れたのか。また、日本語にとって漢字とはいったい何なのか。

2445

小学生のための正書法辞典
ルートヴィヒ　ヴィトゲンシュタイン著／丘沢静也・荻原耕平訳

ヴィトゲンシュタインが生前に刊行した著書は、たったの二冊。一冊は『論理哲学論考』、そして教員生活を送っていた一九二六年に書かれた本書である。長らく未訳のままだった幻の書、ついに全訳が完成。

2504

文学・芸術

神曲 煉獄篇
ダンテ・アリギエリ著／原 基晶訳

知の麗人ベアトリーチェと出会い、地上での罪の贖いの場＝煉獄へ。ダンテはここで身を浄め、自らを高めていく。ベアトリーチェに従い、ダンテは天国に昇る。古典の最高峰を端整な新訳、卓越した解説付きで読む。

2243

神曲 天国篇
ダンテ・アリギエリ著／原 基晶訳

天国では、ベアトリーチェに代わる聖ベルナールの案内により、ダンテはついに神を見て、合一を果たし、三位一体の神秘を直観する。そしてついに、三界をめぐる旅は終わる。古典文学の最高峰を熟読玩味する。

2244

俳句と川柳
復本一郎著

俳句も川柳も同じ十七音の文芸。季語や切字の有無だけでは区別できない。ではその違いとは――新旧の名句を鑑賞し、俳人や川柳作家の創作観を紹介しながらそれぞれの本質を探る。鑑賞にも創作にも必読の書。

2246

民話の世界
松谷みよ子著

赤神と黒神、福の神と貧乏神、つつじのむすめ、小泉小太郎、そして龍の子太郎……。戦後児童文学の開拓者にして、長く民話の採録・再話に取り組んだ著者が描き出す、民衆の〈語り〉とその豊穣の世界へ。

2251

三国志演義 (一)～(四)
井波律子訳

中国四大奇書の一冊。後漢王朝の崩壊後、群雄割拠の時代から魏、蜀、呉の三つ巴の戦いを活写する。時代背景や思想にも目配りのきいた、最高の訳文で、劉備、関羽、張飛、諸葛亮たちが活躍する物語世界に酔う。

2257～2260

猫の古典文学誌 鈴の音が聞こえる
田中貴子著

源氏物語から西鶴まで、猫の魅力、猫と共に生きる喜びをいきいきと描いた古典文学を平易な現代語に訳出し、猫と人のドラマを丹念に読み取る。貴重図版も満載。文庫版付録「漱石先生、猫見る会ぞなもし」収録。

2264